青少年科技创新大赛丛书

创客制作
从入门到参赛

张 帆 丛书主编
熊春复 邱良 黄仁忠 主编

人民邮电出版社
北京

图书在版编目（CIP）数据

创客制作从入门到参赛 / 熊春复，邱良，黄仁忠主编. -- 北京：人民邮电出版社，2025. -- （青少年科技创新大赛丛书）. -- ISBN 978-7-115-65111-2

Ⅰ．G40-012

中国国家版本馆 CIP 数据核字第 20245U26E1 号

内 容 提 要

在全国师生信息素养提升实践活动、教育部面向中小学生全国性白名单竞赛活动中，不少赛事都设置了创客赛项。面对比赛主题各异、要求不同、形式不一的创客赛项，广大师生往往不知道如何学习、练习和准备。本书旨在为创客群体构建一个全面的知识体系框架，针对学习、实践和参赛需求，从创意获取、三维建模、开源硬件到作品发布等多方面进行了系统的梳理和精心的提炼，最终形成了一套切实可行的创客实践通用范式，为创客们在创意实现和项目实施等方面提供指导。

本书分为 3 篇。第 1 篇为知识储备，帮助初学者了解创客文化和相关赛事、熟悉创客项目实施必备的知识和技能，并提供相应的资源和学习途径，读者可以扫描二维码，找到相应的视频教程进行学习。第 2 篇为竞赛案例实践，设置 3 个实际的项目案例，这些案例都遵循竞赛规则，旨在展示创客作品制作的通用流程，对每个环节都整理提炼了相应的思路和方法。第 3 篇为获奖作品集锦。

本书适合教育工作者、学生以及对创客制作感兴趣的读者阅读。无论是初学者还是有经验的创客，都能在本书中找到有价值的参考和指导。

◆ 主　　编　熊春复　邱　良　黄仁忠
　　责任编辑　李永涛
　　责任印制　王　郁　胡　南

◆ 人民邮电出版社出版发行　北京市丰台区成寿寺路 11 号
　　邮编 100464　　电子邮件 315@ptpress.com.cn
　　网址　https://www.ptpress.com.cn
　　北京宝隆世纪印刷有限公司印刷

◆ 开本：700×1000　1/16
　　印张：11　　　　　　　　　　2025 年 2 月第 1 版
　　字数：221 千字　　　　　　　2025 年 2 月北京第 1 次印刷

定价：69.90 元

读者服务热线：（010）81055410　印装质量热线：（010）81055316
反盗版热线：（010）81055315

丛书序

党的二十大报告提出，必须坚持"创新是第一动力"，"坚持创新在我国现代化建设全局中的核心地位"。把握发展的时与势，有效应对前进道路上的重大挑战，提高发展的安全性，都需要把发展基点放在创新上。只有坚持创新是第一动力，才能推动生产力高质量发展，塑造我国国际合作和竞争新优势。

在当今时代，创新是科学研究或企业发展的基础，它已经深入社会的每一个角落。为适应时代的发展，创新教育格外重要。创新教育鼓励学生摆脱被动的学习方式，通过实践、探索和体验，积极地掌握知识与技能。这种教育模式旨在培养学生的创新思维和解决问题的能力，为他们未来在各个领域的颠覆性创新打下坚实的基础。

"青少年科技创新大赛丛书"正是基于这种教育理念编写的。该丛书由创新教育专家、竞赛评委、一线获奖名师精心研讨编写，汇集了全国众多创客名师的教学和竞赛经验，这不仅是一套书，还是一套完整的创新入门课程。该丛书提供了项目学习过程中所需的相关配套数字资源，为师生提供了明确的教学指引和自学支持，能够帮助全国各地师生达成从入门到参赛的快速提升。

该丛书围绕3D创意设计、创客制作、人工智能、工程挑战4门主要课程，提供了系统而富有趣味的学习内容。该丛书所选案例均来自教育部审核并公示的面向中小学生的全国性竞赛活动，与省、市级的竞赛活动衔接。该丛书通过项目引路的形式，对一个个学生的作品进行深入解析，剖析其背后的学习和思考路径，由易到难、由浅入深地完整展现了创新项目学习所需的全环节和全过程，并确保每个项目、每个工程都具有实际的教育意义和应用价值。

相信该丛书能为中小学生、科技创新教育工作者、教师和校长提供有价值的案例和思路，为学校科技创新特色发展模式的构建提供参考，为我国未来科技创新人才的培养贡献力量。

北京中望数字科技有限公司教育发展部总经理　王长民
2025年1月

前言

随着人们受教育程度的提高，当今社会越来越崇尚科学、倡导创新，我们身处的世界也变得越来越神奇，每个人都可以大胆地创新，每个人都可以成为"创客"。从校园的小角落到社会的大舞台，创客文化如燎原之火，燃烧着我们的激情、激发着我们的梦想。

当下，科技变得触手可及，创客们迎来了黄金时代。开源硬件和图形化编程工具的持续发展，有效降低了创客制作的入门难度；高端电子元器件的模块化封装及三维打印和激光切割技术的桌面级应用，又在不断提高创客作品的质量和技术水平上限。因此，在这个对创客极为友好的时代，只要你有想法，你就能成为创客，将个人的创意和想法转化为现实。

目前，教育行政机构高度重视中小学生的创客教育，并由此催生了众多由不同主办单位精心策划的创客作品制作比赛。在全国性竞赛项目中，例如全国师生信息素养提升实践活动、世界机器人大会青少年机器人设计与信息素养大赛、全国青少年信息素养大赛、全国中小学信息技术创新与实践大赛、全国青少年科技创新大赛、全国青少年科技教育成果展示大赛等，均设有创客马拉松或创客作品比赛项目。这些比赛不但丰富了学生的科技活动体验，而且激发了青少年对创新和创作的兴趣，进一步推动了我国科技创新人才的培养。

创客的世界光怪陆离，创客们的想法千奇百怪，每一件创客作品都独一无二，它们的创意、原理、设计、器材、功能都各不相同，制作方法更是五花八门。对初学者而言，创客之路可能充满挑战，需要涉猎的知识领域广泛，制作出色的创客作品更是一项艰巨的任务。是否有一种通用的制作范式，能够帮助我们更好地掌握创客作品的制作精髓？是否存在一条创客学习与成长的最佳路径，可指导我们逐步迈向卓越？

答案是有！本书就是你的"创客导航仪"。本书将以系统、全面的内容，引领你步入创客世界，使你在不断实践与探索中突破自我，逐步跻身于优秀创客之列。

编者根据二十多年中学生科技相关比赛指导经验，结合近十年创客作品竞赛规则的演变和特点分析，总结出一套创客作品设计、制作、参赛的"全攻略"。这套攻略涵盖创客作品制作从创意的发掘与筛选、方案的精心策划、作品的精细制作到最终成果的精彩呈现等关键步骤，并为每一环节提供切实可行、高效实用的操作方法，不仅可以显著提高作品设计与制作的效率，降低实施难度，更能有效提升作品的整体质量，从而大幅度增强作品在竞赛中的竞争力。

本书的知识储备篇立足于作品制作流程，介绍基础知识和基本技能，依照书中提供的学习路径，认真学习配套的数字资源（扫描封底二维码，关注"AI创客之帆"公众号，发送"11002"后，获得配套数字资源的下载链接和提取码；将下载链接复制到浏览器中并访问下载页面，输入提取码下载），你将轻松、快速地实现创客制作入门。竞赛案例实践篇以获奖创客作品为载体，详细讲解优秀创客作品诞生的过程，介绍每一个环节的实施经验与通用方法。通过这些案例，你不仅可以学习如何设计、制作创客作品并参加创客竞赛，还可以领略到创客活动、创客竞赛的独特魅力。获奖作品集锦篇则展示各类创客比赛的优秀获奖作品，它们有的充满科技感，有的富有艺术气息，有的功能强大、实用，有的实现方法巧妙。你可以借鉴方法、获得灵感，为自己的创客之路找到方向。

无论你是创客领域的初学者，还是已经掌握一定技能的资深创客，本书都将成为你探索创新之路的得力助手。让我们携手并进，踏上这段充满惊喜与挑战的创客之旅。

书中若有不妥之处，欢迎读者批评指正。联系邮箱：jinglingyaosai@126.com。

编者

2025年1月

丛书编委会

丛书主编

张　帆

丛书副主编

蒋云飞　熊春复　李　博　彭　莉

专家顾问（排名不分先后）

张淑芳　孙洪波　何若晖　谢　琼　郭丽静　任鹏宇　蔡　琴　石润甫　李欣欣
蒋　礼　林　山　安文凤　江丽梅　孙小洁　钟嘉怡　何　超　杜明明　康文霞

本书编委会

主编

熊春复	长沙铁路第一中学	黄仁忠	湖南省地质中学
邱　良	湖州市现代农业技术学校		

副主编

谢忆琳	长沙市雅礼实验中学	黄　青	深圳市宝安区海旺学校
林冬秀	杭州市余杭高级中学（临平中学）	关亚峰	辽宁省本溪市南芬区实验小学

编委（排名不分先后）

曹国斌	长郡双语实验中学	沈菊颖	重庆市育才中学校
蒋云飞	重庆市电子学会青少年信息技术与人工智能专委会	曹　政	南宫市私立丰翼中学
		叶　鹏	大连市中山区东港第一小学
林长春	杭州市临平区教育发展研究学院	郑　青	杭州市余杭高级中学（临平中学）
李红玉	郑州市实验高级中学	赵　华	濮阳市油田第十中学
陈　凯	郑州市实验高级中学	沈　涛	辽宁省实验学校
牛俊华	山西省实验小学	黄燕平	湖北省沙市中学
张琴英	西安建筑科技大学附属小学	梁　艳	鄂尔多斯市康巴什区第一小学
梁　旋	湘西土家族苗族自治州溶江小学	李佳琦	深圳市宝安区海旺学校

鸣谢

北京中望数字科技有限公司　　　　　　　　i3DOne社区

目 录

第 1 篇 知识储备

第1章 创客及创客作品概述 ... 3
1.1 创客概述 ... 3
1.2 创客作品 ... 5

第2章 创客赛事介绍 ... 8
2.1 创客马拉松 ... 9
2.2 创客作品展评赛 ... 11

第3章 创客项目实施知识清单 ... 13
3.1 作品创意获取途径与方法 ... 15
3.2 开源硬件知识 ... 17
3.3 三维建模技术 ... 24
3.4 作品物化 ... 25
3.5 成果提炼与发布方法 ... 26

第 2 篇 竞赛案例实践

第4章 智能省心实验花盆 ... 31
4.1 发现问题，创意构思 ... 33
4.2 作品设计 ... 35

4.2.1 技术方案设计 35
　　4.2.2 原理验证 36
　　4.2.3 造型设计 39
4.3 三维建模 40
4.4 作品制作 53
　　4.4.1 三维打印部件拆分 53
　　4.4.2 作品设计方案的迭代与优化 ... 55
4.5 功能实现与程序调试 56
4.6 成果发布 58

第5章　导盲腰包　　　　　　　　　　　　　　　　65

5.1 发现问题，创意构思 66
5.2 作品设计 70
　　5.2.1 确定功能，生成方案 70
　　5.2.2 原理验证 71
　　5.2.3 造型设计 74
5.3 三维建模 75
　　5.3.1 结构分析 75
　　5.3.2 建模绘图 76
　　5.3.3 激光切割板件的拆分 79
　　5.3.4 板件拼插结构设计 83
　　5.3.5 电子元器件嵌入 84
5.4 作品制作 87
　　5.4.1 部件加工制作 87
　　5.4.2 部件微调 89
　　5.4.3 整体组装 91
5.5 功能实现与程序调试 92
　　5.5.1 控制程序的编写 92
　　5.5.2 功能测试与参数调试 94
5.6 成果发布 96
　　5.6.1 作品的命名 96
　　5.6.2 介绍文稿的撰写 96
　　5.6.3 路演准备与实施 98

第6章　菜品份量提示器　　　　　　　　　　　　　101

6.1 发现问题，创意构思 102
6.2 作品设计 105
　　6.2.1 确定功能，生成方案 105
　　6.2.2 原理验证 106
　　6.2.3 功能优化迭代 111
　　6.2.4 造型设计 116
6.3 三维建模 116
　　6.3.1 结构分析 116
　　6.3.2 窗口、后厨建模和拼插
　　　　　结构制作 117
　　6.3.3 圆弧形侧板结构建模和
　　　　　拼插结构设计 121
　　6.3.4 电子元器件嵌入 124
6.4 作品制作 127
　　6.4.1 部件加工制作 127
　　6.4.2 部件微调及整体组装 130
6.5 功能实现与程序调试 133
　　6.5.1 控制程序的编写 133
　　6.5.2 功能测试与参数调试 138
6.6 成果发布 138
　　6.6.1 作品参赛资料的整理 138
　　6.6.2 现场答辩介绍文稿的准备 ... 139
　　6.6.3 现场展示准备 139

第3篇 获奖作品集锦

第7章 全国赛获奖作品集锦 ... 143

7.1 智能零食控制器 ... 143
7.2 "听得见"的棋盘 ... 144
7.3 多功能智能种植监测器 ... 145
7.4 智能驾驶助手 ... 146
7.5 消毒液自动喷洒机器人 ... 147
7.6 基于农产品保鲜的惠农系统 ... 148

第8章 创客作品选评参赛作品集锦 ... 150

8.1 魅力湘西欢迎您 ... 150
8.2 智能导盲犬 ... 151
8.3 出行管控测温宝 ... 152
8.4 共享折叠坐便架 ... 153
8.5 移动便携式输液装置 ... 154
8.6 湖泊水质巡游监测装置 ... 155

第9章 其他优秀参赛创客项目集锦 ... 157

9.1 北斗智能井盖系统 ... 157
9.2 北斗智能道路养护系统 ... 158
9.3 货车自动盖篷布装置设计 ... 159
9.4 AI日晷 ... 160
9.5 基于物联网的路面加湿与喷雾除尘装置 ... 161
9.6 基于树莓派的多功能阅读架 ... 162
9.7 基于Arduino的智能编钟装置 ... 164

第1章 创客及创客作品概述

第2章 创客赛事介绍

第3章 创客项目实施知识清单

第1篇
知识储备

创客作品，富有创新且个性独特，它的制作门槛或许并不高。一个出色的创意、一个引人入胜的故事、一个富有趣味性的功能，这些元素汇聚起来，便可能孕育出广受好评的作品，下面介绍的"无聊盒子"便是一个典型代表。创客的潜力是无穷的，诸如"稚晖君"等创客，他们将各类新技术、新方法、新材料、新工艺、新器件等融入作品之中，展示了卓越的技术水准与精湛的工艺，令人叹为观止。

创客作品的制作难度未必很高。然而，创客作品的潜力却无穷无尽，"无聊盒子"的成功模式仅为一个缩影，对广大创客而言，目标可以更为远大——勇攀领域高峰，致力于创作出更高品质的作品。

为了达成此目标，坚持学习至关重要。若对创客有一定认识，便会发现创客作品涉及的领域极为广泛，要在短时间内精通所有知识非常困难。因此，"在实践中学习"成为一种备受推崇的学习方法。这种方法倡导实践，通过实施项目不断积累经验与知识，从而逐步掌握技能与提升认知。

本篇内容根据创客作品制作的基本知识体系框架提供相应的思路清单，而非详细、系统地讲解制作步骤。针对每项基础知识，会指明可行的学习方向并提供相关的学习资源，大家可以根据自身实际情况有选择性地学习。

根据本篇内容的特点，设置了以下栏目。

我看创客

这个栏目展示创客们的杰出作品和精彩瞬间，读者可以领略创客文化的魅力，初步了解创客活动及其成果。

我学创客

在这个栏目中，读者可以深入学习创客的知识和技能。通过解析创客活动的过程、探讨相关方法，一步步成为创客领域的行家里手。

我做创客

亲自动手，参与创客活动任务。在这个栏目中，读者将亲身体验和实践创客活动，感受创作的乐趣。

创客分享

这个栏目有交流和展示创客活动、创客作品的环节。

第1章
创客及创客作品概述

"创客"一词大家应该不陌生,那么什么是创客?怎样才能成为创客?什么是创客作品?它是如何制作出来的?本章带你了解创客及创客作品,指明如何成为创客以及如何制作创客作品。

1.1 创客概述

我看创客

图1-1所示盒子是一件创客作品,开启这个盒子的开关,你会看到有趣的一幕:盒子缓缓打开,然后一只可爱的小手伸出来把开关关上!你再次打开,它再次关上,如此反复……没错,就是这么一个看似无聊的动作,却成就了风靡创客世界的作品——无聊盒子。

图 1-1

我学创客

"创客"一词来源于英文单词Maker,指的是那些出于兴趣与爱好,努力将各种创意变为现实的人。如今,创客的形态逐渐多样化。有的创客只是为了自娱自乐,享受创新和实践的过程;有的创客则利用独特的创意来引起关注,推动文化传播和交流;而更多的创客将实用性和创新性结合,通过创新产品来满足实际需求。图1-2所示为实用的创新作品——可自动更换滤芯材料的新型口罩装置。

近年来,创客教育、创客活动在中小学校中的普及率越来越高。越来越多的学校建设了校园创客空间,配备三维打印设备、激光切割设备、开源硬件器材和DIY工具等,为创客活动的开展提供支持,如图1-3所示。

图 1-2

图 1-3

校园创客空间具有先进的设施和良好的氛围,吸引了许多有创造梦想的学生和教师前来学习和体验,促进了校园创客文化的形成,优秀校园创客在不断出现。图 1-4 所示为校园创客在学习三维建模。

图 1-4

第1章 创客及创客作品概述

🛠 我做创客

1. 想一想

一件产品是如何造出来的？

找一找身边的产品，看一看这个产品有什么样的功能，查一查这个产品是如何造出来的，想一想制作它需要用什么工具。

2. 做一做

了解了关于创客的一些知识，你是不是也跃跃欲试了呢？

那么，你想创造点什么？画一画你想创造的作品，写一写它有什么功能。

🔗 创客分享

有了自己的创意，大家可以一起来分享交流。如果没确定好自己的创意，也可以先看一看别人的想法，然后借鉴别人的思路，想想自己可以创造什么。

可以先和同桌或者在小组内进行分享交流，然后在班级内进行分享交流。

在本节的学习中：

你看到了	
你学到了	
你做了	
你感受到了	
你还发现了	

1.2 ▶ 创客作品

🔍 我看创客

想象一下，你设计了图1-5所示的自行车模型，然后亲手把它做出来，把它摆在自己的书桌上，真是太酷了！

该自行车模型是用建模软件设计，然后用激光切割机切割出木片拼接而成的。每一块木片都设计得恰到好处，轮廓切割得如此精确，拼接在一起后简直"天衣无缝"，不得不佩服作者的巧妙构思和精巧设计！

创客作品是创客利用自己的创新思维和实践能力设计制作出来的物品。由于创客思维的差异和创意的多样性，创客作品也是多种多样的：有的工艺精美，有的功能强大，有的好玩有趣……无论形式怎么不同，它们都具有独特的创意，还具有一定的实用价值，体现出创新性、实用性、艺术性等特点，不少创客作品都带有科技创新特征。图1-6所示的导盲手杖就是典型的科技发明类创客作品。

图1-5

图1-6

在校园创客作品中，以科技小发明居多。这些作品通常利用三维打印、激光切割等技术，使用开源硬件制作而成。通过这些技术和器材的应用，同学们能够将自己的创意转化为现实，创造出具有实用价值的作品，如图1-7所示的限高杆预警警示装置模型。

图1-7

第1章　创客及创客作品概述

随着科学技术的不断发展和普及，涉及物联网、语音识别、计算机视觉和人工智能等技术的作品也开始在校园中流行。这些技术为创客们提供了更多的可能性，让他们能够创造出更加智能、自动化程度更高的作品。图1-8所示为校园创客利用人工智能摄像头设计的能根据车流量自动调节通行时间的智慧红绿灯模型。

这些创客作品不仅是创意的展示，更是对未来科技发展的探索和实践。通过参与创客活动，同学们能够更好地了解科技的发展趋势，提高自己的创新能力，为未来的科技发展做出贡献。

图1-8

我做创客

1. 想一想

你知道创客作品的创意通常来源于哪里吗？

找一找你身边存在的一些问题，想一想我们可以做点什么来尝试解决这些问题。

2. 做一做

根据你找到的问题，以及你想到的尝试解决问题的办法，试一试在解决的过程中能否做出创客作品。

写一写你的思考过程，画一画你想到的创客作品。

创客分享

大家都发现了一些什么样的实际问题，又准备怎么解决？我们一起来交流一下吧。

可以先和同桌或者在小组内进行分享交流，然后在班级内进行分享交流，看一看大家的不同创意。

在本节的学习中：

你看到了	
你学到了	
你做了	
你感受到了	
你还发现了	

第2章
创客赛事介绍

在"大众创业、万众创新"的背景下,教育行政部门对学生的创新能力培养给予了越来越多的关注。教育部公布的白名单赛事中,许多竞赛都特别设置了创客比赛项目,以此培养青少年的创新精神和实践能力。目前的创客比赛主要分为两种形式:一种是现场赛,也称为"创客马拉松";另一种是创客作品展评赛。

在这些赛事中,中央电化教育馆主办的"全国师生信息素养提升实践活动"中的创意智造项目(以下称创意智造赛项)最具代表性。它旨在鼓励师生通过信息技术进行创新设计和制作,提升信息素养和实践能力。本书主要以该项赛事的案例为主进行介绍。可以搜索"全国师生信息素养提升实践活动"进入赛事网站进行详细了解,网站首页"新闻中心"栏目显示赛事通知公告,如图2-1所示。

图2-1

2.1 创客马拉松

我看创客

在展厅里,同学们热火朝天地参与着"全国师生信息素养提升实践活动"创意智造赛项。他们有的手持工具,专注地制作各种零部件;有的围在一起,热烈地讨论着技术问题;还有的在展示自己的成果,满脸自豪地向他人介绍自己的作品。

在这个舞台上,同学们展现出了无穷的创意和才华。他们利用开源硬件、三维打印技术、激光切割技术等,制作出了各种令人惊叹的作品。不仅如此,同学们还互相学习,互相鼓励,共同成长。他们结交了志同道合的朋友,一起探索未知的领域,追求卓越。

我学创客

创意智造赛项全国赛以创客马拉松的形式进行,这要求选手在规定的时间内完成一系列任务,包括团队组建、创意获取、方案设计、任务分工、作品制作和成果发布。评委根据整个制作过程和最终的作品质量以及选手路演时的表现进行评分。

这种形式的比赛时间紧迫、资源有限,参赛选手需要具备丰富的知识储备和极强的实践能力。另外,比赛的主题通常在赛场临时公布,参赛选手无法提前准备。因此,提前学习各种知识和技能变得尤为重要,这样才能在比赛中从容应对。

为了应对创客马拉松的挑战,需要锻炼快速发现问题、快速解决问题和团队协作的能力。图2-2所示为参赛选手在创客马拉松现场。

图2-2

例 2024年创意智造赛项全国活动任务说明。

一、任务主题

小学、初中、高中(含中职)任务主题将于活动现场公布。

二、器材准备

（1）学生自行准备笔记本电脑。项目正式开始后，不得带入新设备，且笔记本电脑在项目全部结束后才能带出现场。不可以携带无线 AP 或其他热点设备入场。

（2）活动器材由组委会提供，将根据各省级活动组织单位提交的器材使用情况确定。

通过合理的结构设计、科学的元器件使用、恰当的技术运用、有效的功能实现，完成作品（如趣味电子装置、互动多媒体、智能场景模型、具有灵活结构驱动或控制的智能机器等）创作。作品着重体现创新意识。

三、现场提交内容

（1）实物作品。

（2）程序文件。

（3）汇报文档，包含封面、作品名称、创作意图、功能说明、电路搭建图、分工与合作、收获反思等。

（4）演示视频（不超过 5 分钟）。

四、现场分组说明

现场进行抽签分组。

五、作品创作导向

作品创作导向如表2-1所示。

表2-1

项目	内容	描述
创新性	选题创新	选题方向有新意，能够敏锐发现问题，并有创新的解决思路
	整体设计有新意	功能、结构等具有新意，有一定的实用价值或者是有益的人文表达
	细节功能有新意	细节功能符合主题表达的需要，实现方法有新意。功能设计不局限于原元器件的应用习惯
技术性	结构设计	作品整体结构及局部结构设计有系统考虑，设计合理。结构设计能够匹配作品功能需要，具有系统的联动性和灵活性。能够使用数字化建模实现作品关键部位的结构设计
	硬件功能实现	使用相关元器件等实现硬件功能，有科学性，有技术含量
	软件实现	程序能成功运行，算法能实现所需功能
艺术性	作品外观	作品整体设计具有美感，能将美学与实用性相结合
	作品表现力	作品具有想象力和个性表现力，能够表达作者的设计理念和个人风格
规范性	设计方案规范性	有初始设计，设计方案完备
	制作过程规范性	制作过程中工具和相关器材使用规范，有详细的器材清单，作品源代码注释规范
	作品完成度	作品与初始设计方案的吻合程度。作品各功能实现的稳定性和有效程度。作品的外观精巧、封装规范，以及整体的牢固程度高、人机交互界面友好等
团队展示与协作	作品展示	作品展示环节中，能够很好地展现作品的设计思路、制作过程和功能实现情况，演示素材制作精美。语言表达清晰，现场互动问答情况良好，时间控制合理，汇报详略得当

续表

项目	内容	描述
团队展示与协作	分工协作	有明确、合理的团队协作分工方案。制作过程和展示过程中，每位团队成员能够充分参与、互相帮助、协作配合

1. 想一想

认真阅读2024年创意智造赛项全国活动任务说明，假设你在全国创客云集的现场参加比赛，你需要面对什么样的挑战？你会如何应对？

2. 做一做

你参加过创客类或者科技类的比赛吗？具体说说有哪些？

找一找教育部白名单赛事，哪些是你感兴趣的？找一找你所感兴趣的创客类或科技类比赛的竞赛文件，写一写这个比赛的主要要求是什么？

如果你去参加一个感兴趣的创客类或科技类的比赛，你需要如何准备？

创客分享

和同学交流一下，看看大家有没有参加过创客类比赛，以及对什么样的比赛更感兴趣。

可以先和同桌或者在小组内进行分享交流，然后在班级内进行分享交流，看一看大家的不同创意。

在本节的学习中：

你看到了	
你学到了	
你做了	
你感受到了	
你还发现了	

2.2 创客作品展评赛

同学们围着工作台，谨慎地挑选所需材料，有条不紊地展开制作。

在制作过程中，同学们遇到了各种挑战。一个简单的电路问题、一个独特的结构要求、一个不复杂的程序逻辑，都可能让他们陷入困境，但是他们从不放弃、不断探索、不停思考……

经过一番努力，作品逐渐成形并最终完美地运行起来，他们的脸上洋溢着自豪和喜悦。

创意智造赛项的选拔赛通常采用作品评选的形式。参赛者需要在比赛现场展示提前制作好的作品,并通过答辩向评委展示作品的设计思路、制作过程和成果,如图2-3所示。

由于在制作过程中有充足的准备时间,参赛者可以充分查阅相关资料进行学习,可以得到指导老师的全方位指导,甚至能根据项目内容学习相关专业知识,还有时间对作品进行迭代优化。因此这类作品通常较为复杂,质量较高,如图2-4所示。

图 2-3

图 2-4

1. 想一想

如果你的比赛任务是制作一个智能小车或智能设备,你可能会遇到什么困难?你不明白的地方是什么?你会向谁寻求支持?寻求哪些支持?

2. 做一做

如果要制作一个智能小车或智能设备,请你制定一个制作方案。

和同学交流一下,大家都做过什么样的物品,在创造中经历了怎样的过程。可以先和同桌或者在小组内进行分享交流,然后在班级内进行分享交流。

第3章
创客项目实施知识清单

一个创客作品的诞生，通常需要经历获取作品创意、制定作品设计方案、加工部件及组装、成果提炼与分享4个关键步骤。

一、获取作品创意

创客作品的起点往往是一个独特的创意。它可以是一个特定的功能、某个问题新的解决方式，或者某物品在新领域中的新用途等。图3-1所示为创客小组正在获取作品创意。

二、制定作品设计方案

一旦有了创意，下一步就是制定作品设计方案，包括功能实现方法、外形结构设计、硬件的选择以及程序的实现等。图3-2所示为设计说明书，详细描述了作品的实现设想。

图 3-1

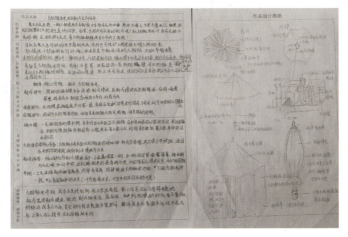

图 3-2

三、加工部件及组装

设计方案确定后，需要将各个部分制作出来。这通常涉及电路控制部分的搭建（一般使用开源硬件）、控制程序的编写与调试以及外形结构的制作与组装，如图3-3所示。

图3-3

外形结构可以借助三维软件进行建模，然后利用三维打印机或激光切割机进行制作。如果没有相关设备，建好模型后可以找加工厂商代加工，也可以在电商平台寻找代加工服务，当然还可以手工制作。图3-4所示为利用3D One Cut建模软件绘制的作品模型。

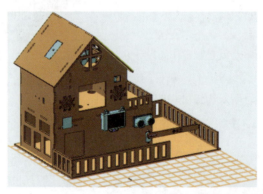

图3-4

四、成果提炼与分享

完成作品后，还需要展示和分享。无论是参加展览还是比赛，都需要准备适当的展示材料，以便向观众或评委介绍作品的价值和意义。图3-5所示为创客在展示和介绍作品。

图3-5

在创客作品制作过程中，这4个步骤的实施需要广泛的知识、技能储备和较强的实践能力。其中基础知识需在项目初期学习掌握，而专业性较强的内容则可在实际操作中边学习边应用。

通过持续的实践与学习，才能不断提升自身能力，创作出更具价值的作品。

3.1 作品创意获取途径与方法

 我看创客

晓晓站在窗边看着窗外好像在思考着什么，忽然她快速走到书桌前奋笔疾书，记录着什么。

闯闯坐在计算机前忙碌着，他不停地用不同关键词查询，然后进行内容记录。

鑫鑫坐在书桌前冥思苦想、涂涂画画，没过多久，一张思维导图出现在她面前，让人奇怪的是，她的思维导图上全是些风马牛不相及的事物。

佳佳找了一群伙伴来家里做客，一开始他们依次发言，过一会儿却又在有问有答地交流，最后还出现了激烈的辩论，整个过程中有人在不停地记录，他们到底在干什么呢？

你大概想不到，其实他们4个人是在完成同一个任务——为自己的创客作品寻找创意。更让人感到神奇的是他们使用完全不同的方式，居然都获取了称心的创意，实现了自己的目标。

 我学创客

其实，创意不只源于偶然闪现的灵感或天马行空的想象，也可以借助专利查询、搜索引擎、人工智能等信息化工具来激发和提炼创意。这些工具和方法不一定每次都能奏效，但可以提供更多的可能性，有助于开阔思路。

事实上，创意获取还有其内在的逻辑和规律，可以通过学习、实践来练习。创新构思也有其可遵循的模式和框架，学习它们可以更加系统地培养自己的创新思维，提高获取创意的能力。有一些经过时间考验的创新方法，也有一些独特的思考模式，运用这些方法和模式并不断积累经验，可以有效地获取创意，如表3-1所示。

表3-1

创新方法	简介	案例
发现创造	观察生活中的事物，关注人们日常生活中的需求，寻找创新灵感。 要点：细心观察、勤于思考	人脸识别门禁系统
组合创造	将两个或多个要素、手段、原理或产品进行适当的组合和叠加，以实现新的发明创造。 包括功能组合、结构组合、原理组合、技术组合等形式	无人机航拍（相机、无人机） 梳妆台（桌子、镜子） 空气炸锅（电炉、风扇）
缺点改进	通过分析事物的缺点和不足，找出改进的方法，从而实现新的发明创造。 要点：不安于现状，进行批判性思考，关注现有事物的缺陷	无尘粉笔 智能门锁
联想创造	从一件事情中得到启示，然后围绕问题进行联想，从而获得新创意。 要点：功能借鉴，特性迁移	水果削皮机（削笔机）
主体附加	为一个有主体功能的物品附加其他功能，让它产生新的用途或特色。 要点：寻找相关联的需求与功能	铅笔头安上橡皮擦 PPT翻页笔加上麦克风

续表

创新方法	简介	案例
专利改进	基于已有的专利技术，通过改进、优化或借鉴，创造出新的物品。 要点：思路借鉴和功能创新	共享雨衣（共享单车）

有些创新方法经过长期实践优化，有成熟完备的实施步骤，非常适合在需要快速创新的场景（如创客马拉松）中使用。图3-6所示为创新思考法——和田十二法，它有一系列明确的步骤，可以帮助我们在短时间内找到创新方向。该方法逻辑清晰，易于操作，对初学者来说非常有效和实用。

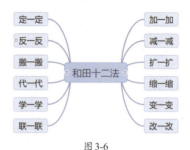

图3-6

此外，头脑风暴法和六顶思考帽也是两种广泛使用的创新思考方法。头脑风暴法鼓励自由畅谈来激发灵感；而六顶思考帽则提供了一种结构化的思维方式，帮助我们从不同的角度全面地分析问题。两者结合使用可以更好地促进创意的生成，如图3-7所示。

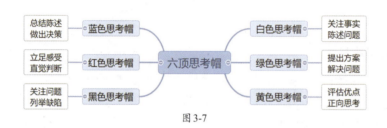

图3-7

此外，还有一些更加专业和深入的创新方法和理论，学习它们对于提升个人的创新能力非常有益，能为后续的创客活动提供有力的支持，可以查阅相关书籍或在网络上搜索相关的资料进行学习。

如根里奇·阿奇舒勒的TRIZ理论，该理论提供了一套完整的工具和方法，包括40个发明原理、阿奇舒勒矛盾矩阵、物-场模型分析方法等，为解决创新问题提供了科学的指导。表3-2所示为40个发明原理，可以对照该表寻找创意或解决方法。

表3-2

序号	原理名称	序号	原理名称	序号	原理名称	序号	原理名称
1	分割	8	质量补偿	15	动态化	22	变害为利
2	抽取	9	增加反作用	16	不足或超额行动	23	反馈
3	局部质量	10	预操作	17	维数变化	24	中介物
4	非对称	11	预先应急措施	18	振动	25	自服务
5	合并	12	等势性	19	周期性动作	26	复制
6	多用性	13	逆向思维	20	有效运动的连续性	27	廉价替代品
7	套装	14	曲面化	21	紧急行动	28	机械系统的替代

第3章 创客项目实施知识清单

续表

序号	原理名称	序号	原理名称	序号	原理名称	序号	原理名称
29	气动与液压结构	32	改变颜色	35	参数变化	38	加速强氧化
30	柔性壳体或薄膜	33	同质性	36	相变	39	惰性环境
31	多孔材料	34	抛弃与修复	37	热膨胀	40	复合材料

除了这些专门的方法和理论，日常的积累和实践也是培养创新思维的重要途径。通过阅读科技知识、与他人交流讨论、观察生活中的点滴细节、借鉴他人的作品灵感、利用科技手段（如搜索引擎和人工智能工具）进行探索等，可以不断积累创意素材和培养思考方式。此外，要养成遇到问题不放过的习惯，积极寻找不同的解决方案，增加获得创意灵感的可能性。

我做创客

1. 想一想

以智慧教室、智慧寝室、智慧卧室或者智慧家居等其中一个为主题，选择一种创新方法，看看自己能想到哪些创意。

2. 做一做

找一找还有哪些创意思维工具，了解关于创意的一些故事，把你觉得有意思的写下来。

创客分享

和同学交流，看看大家都有什么样的创意，大家运用的创新方法有什么不同。

可以先和同桌或者在小组内进行分享交流，然后在班级内进行分享交流，看一看大家的不同创意。

3.2 开源硬件知识

我看创客

小明一直对自行车非常着迷，他觉得骑自行车不仅可以锻炼身体，还可以享受自由的旅行。他发现在骑自行车的时候，保持平衡比较困难，于是决定挑战自我，制作一个能自动保持平衡的两轮小车。小明既没有专业的机械知识，又没学过电子控制和程序编写，该怎么样才能实现呢？

通过上网查询，小明发现开源硬件能帮他实现创意，他从众多开源硬件里面选择了Arduino主控板，找到了传感器、电机驱动器和车轮等所需的硬件设备。然后，他开始设计整个系统的架构，包括传感器数据采集、控制算法设计和电机驱动等模块。

由于涉及传感器数据采集、控制算法设计和电机驱动等多个模块，程序编写的工作量很大。但他没有放弃，通过查阅资料，边学习边尝试，最终完成了整个程序的编写。

当一切准备就绪后，小明开始进行测试，他制作出的两轮小车竟然摇摇晃晃地保持了平衡！又经过几天的优化，小明给两轮小车增加了控制杆来控制车的方向和速度，圆满完成了挑战任务。

我学创客

电子作品设计曾是一项高度专业化的工作，开源硬件的出现大大降低了电子硬件开发的门槛，使更多兴趣爱好者能够参与其中。许多厂商研发了各种价格低廉、易于使用的开源硬件开发板，还设计了各种配套的传感器和执行器。它们都被设计成模块化的形式，使我们可以通过"搭积木"的方式来构建不同的电子电路，以此实现作品功能。

与此同时，图形化编程工具的出现也改变了编程方式：无须编写烦琐、专业的程序代码，通过模块化预制的程序模块进行拼接，就能完成控制程序的编写。

此外，各类开源硬件一般都有庞大的网络社区支持，可以获得来自全球各地其他开发者的支持和建议，从而更容易解决问题。

创客作品多为智能机器，通常模仿人处理外界信息的过程来制作，如图3-8所示。创客作品的构架大致相同，都由4个部分组成：若干个能够检测外界信息的传感器作为"感觉器官"；包含微处理器、信息输入输出端口的主控板作为"大脑"；执行不同任务的动作部件充当"肢体"；在主控板内部运行的控制程序实现"思考与决策"。

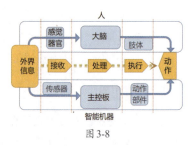

图 3-8

在进行作品制作时，先选择检测外界信息的传感器模块，连接到主控板的输入端口；再选择合适的执行器模块，连接到主控板的输出端口；最后编写一个根据输入信号来控制输出信号的程序即可。例如，做一个火灾报警器，选择火焰检测模块（火焰传感器）和发声模块（有源蜂鸣器），将它们接到主控板的输入输出端口，完成硬件设计，如图3-9所示。

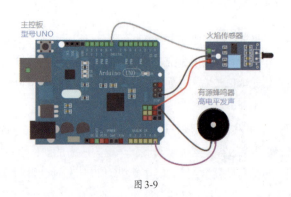

图 3-9

编写控制程序时，读取火焰传感器所接输入端口（8号口）的值并进行判断，如果这个值为1，编写程序让蜂鸣器所接的端口（A5号口）输出高电平，蜂鸣器就会发出警报，如图3-10所示，这样就实现了火灾报警功能。

如果再给它设计一个外壳并组装起来，就完成了一个创客作品。

不少厂商将一些专业性强、使用难度大的功能器件进行模块化封装，通过一定的通信端口与主控板协调工作。利用它们可轻松实现一些非常专业和复杂的功能，例如图3-11所示的人工智能摄像头模块，利用它可实现人脸识别、物体分类等高级功能。

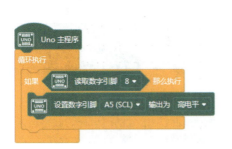

图3-10

图3-11

要想成功制作创客作品，需要学会控制程序的编写，掌握主控板、各种传感器、执行器以及功能模块的功能和用法，下面逐一进行介绍。可以扫描右侧的二维码找到相应的视频教程进行学习。

扫码看视频

一、程序编写工具

目前有非常多的图形化编程工具，它们的功能类似，都是将复杂的程序代码封装成一个个图形"积木"，如图3-12所示。创客只要根据自己的思路将这些积木拼接起来，就可以完成程序的编写。

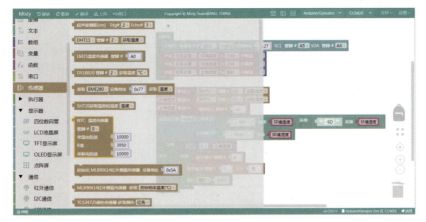

图3-12

Mind+和Mixly是两种比较常用的图形化编程软件，它们的用法请查看本书配套视频教程进行学习。

二、主控板

主控板主要由输入端口、输出端口和微处理器组成，是开源硬件的核心，负责处理输入信号和产生相应的输出信号。输入端口用于读取传感器传来的信息，微处理器则用于对这些信息进行逻辑处理，然后在输出端口产生控制信号。图3-13所示为部分常见的主控板。

根据输入信号和输出信号的特点，可以对它们进行分类，具体如下。

一种信号只有两种状态，可以用数字1和0来表示，如开关的接通和断开、火焰的有和无、电压的

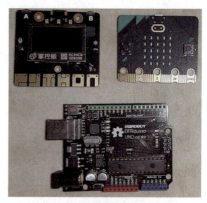

图3-13

高和低等，这类信号属于"数字信号"。主控板能够处理数字信号的端口称为数字输入输出端口，大多数主控板的所有端口都能读取和输出数字信号。

另一种信号如连续变化的亮度、连续增加的温度、逐步升高的电压等，这种连续变化的信号属于"模拟信号"。不同的主控板能够读取和输出模拟信号的端口不尽相同，例如Arduino UNO主控板所有端口均可读取和输出数字信号，只有A0~A5共6个端口可以读取模拟信号，3、5、6、9、10、11号端口可以输出模拟信号；Micro:bit主控板所有端口均可以读取和输出数字信号，也能输出模拟信号，但是只有P0~P4以及P10共6个端口可以读取模拟信号。

除了传输简单的信号，组合使用多个端口还能实现复杂信息的传递，其中最常用的是串口通信和I²C总线通信。功能模块大多采用这两种通信方法与主控板进行数据传输。

不同端口的使用方法请查看本书配套视频教程进行学习。

三、传感器

传感器模块负责获取外界信息，并将其转换为电信号。其核心原理是将环境的某种变化转换为电气特性（电压、电流、电容、电感等）变化，然后将这种变化转换成主控板端口可以读取的数字信号或模拟信号。利用信号转换模块还可以设计和制作自己的传感器。图3-14所示为Mind+软件中部分可直接选用的传感器模块。

根据输出信号的特点，传感器大致可以分为3类：数字传感器、模拟传感器、数值传感器。

• **数字传感器**：包括触碰传感器、火焰传感器、水平传感器、震动传感器、声音传感器、人体释热电传感器、红外避障传感器、巡线传感器、触摸传感器、按钮等。它们输出数字信号，连接到主控板的数字输入端口，编程时直接读取端口值就可获取外界信息。

第3章 创客项目实施知识清单

图 3-14

- 模拟传感器：包括电位器、PS2 摇杆、液位传感器、土壤湿度传感器、光敏传感器、热敏电阻传感器等，需要连接到主控板的模拟输入端口。根据外界环境的变化会输出 0V 到 5V（部分主控板是 3.3V）之间的电压，电压值对应外界环境变量，主控板读取端口信息时能获得一个 0～1023（部分主控板是 0～65536）的数值，编程时需要将读取的数值跟外界环境变量通过一定的公式进行换算。

- 数值传感器：包括 LM35 温度传感器、DHT11 温湿度传感器、超声波测距传感器、红外传感器、旋转编码器、灰度传感器、气压传感器等。这类传感器有的本身带有数据处理芯片，能将检测到的变量转换成可用数据并传输给主控板；有的需要利用比较复杂的公式对检测结果进行换算，但图形化编程工具对换算过程进行了封装，编程时可以直接利用程序模块获得真实的测试数值。

传感器的具体用法请查看本书配套的视频教程进行学习。

四、执行器

执行器负责根据主控板的指令信号执行相应的动作或产生相应的输出。Mind+ 软件中的部分执行器如图 3-15 所示。

- 继电器：通过电磁原理控制电路的开关，常用于大电流设备和自动化控制。
- 步进电机：通过控制脉冲信号实现精确的分步转动。
- 舵机模块：精确控制电机的转动角度。

部分执行器在 Mind+ 软件中没有封装程序模块，需要自行通过主控板输出端口进行控制。

- LED：通常用作状态显示、装饰照明或构成更复杂的显示系统等。

图 3-15

- 蜂鸣器：发出声音信号，用于提示、报警或音频反馈。
- 全彩LED：由红色、绿色、蓝色3种颜色的LED组成，可组合发全彩光。
- 电动机：将电能转换为机械能，驱动各种机械装置，如风扇、泵等。

另外，部分执行器可以显示文本、图像和视频信息，Mind+软件将它们归类为显示器。执行器的详细用法请查看本书配套视频教程进行学习。

五、功能模块

功能模块是进行模块化封装设计的特定功能器件，可以根据一定的通信端口和协议与主控板进行数据传输和协同工作，图3-16所示为部分功能模块。

图 3-16

常见的功能模块介绍如下。

- 蓝牙模块：提供无线通信功能，与其他蓝牙设备交换数据。
- 卫星定位模块：可接收定位卫星的信号，能够计算所处位置的经纬度和时间。
- 时钟模块（RTC）：提供精确的日期和时间信息，常用于需要同步时间的应用。

第3章 创客项目实施知识清单

- 陀螺仪模块：检测物体角速度，常用于稳定控制系统，如无人机、机器人和智能手机的屏幕方向控制。
- 加速度传感器：测量物体加速度，用于运动检测、倾斜感应和游戏控制等。
- 音频模块：录制和播放音频信号，常用于语音识别、音乐播放和音效制作。
- 物联网模块：通过Wi-Fi进行无线通信，实现互联网连接和数据传输，常用于智能家居和远程监控系统。
- 语音识别模块：可以识别语音，实现人机交互。
- 人工智能摄像头模块：可实现人脸识别、物体识别、色彩识别等高级功能。

要进行电子类创客作品设计，必须了解模块的作用，学会接线和编程方法，可提前学习模块知识，也可暂时先了解相关模块的功能，需要利用它进行设计时再学习它的用法。

功能模块的详细用法请查看本书配套的视频教程进行学习。

我做创客

掌握开源硬件知识后，在制作作品时就更加得心应手了。可以根据最初制定的设计方案，结合开源硬件中各种器件的特性和适用场景，精准地找到合适的技术解决方案。

在面对具体的设计任务时，如果一时难以找到创新的点子，可以逐个研究传感器的功能。通过深入了解传感器的特性和应用，逆向思考它们能为设计任务提供哪些帮助，从而激发创作灵感。这种倒推的方法有助于打破思维定式，发现意想不到的设计可能性，为作品注入新的创意和活力。

1. 想一想

接下来，以智能家居、智能交通或智能大棚等为主题设计一个智能设备，写出这个智能设备需要哪些传感器、执行器、功能模块，并说一说它们之间的一些逻辑关系。

2. 找一找

找一找你并不熟悉的传感器、执行器或功能模块，看一看它们的资料，写一写它们的使用方法。

3. 做一做

将这些传感器、执行器和功能模块通过不同的接口与主控板（如Arduino、树莓派等）连接好，编写程序代码，实现各种创意，赶快做一做吧！

创客分享

和同学交流一下，看看大家都用了哪些传感器、执行器和功能模块，并交流一下大家对这些元器件是如何理解和使用的。

可以先和同桌或者在小组内进行分享交流，然后在班级内进行分享交流，看一看大家的不同创意。

3.3 三维建模技术

我看创客

一位创客正坐在计算机前,双眼紧盯着屏幕中的三维模型,双手忙碌地操作键盘和鼠标。这个三维模型是他创作的作品,在图形的设计和绘制过程中,每一步都需要反复推敲和修改。他使用的是一款操作简单、功能强大的三维设计软件,如图3-17所示,利用它进行三维建模可以事半功倍。

图 3-17

我学创客

对于早期的创客作品,其外形结构往往利用纸板、KT板、薄木板等材料进行手工制作。这种方法效率低,作品表现力差,很难保证加工精度和质量。

随着三维建模技术的发展,创客们开始利用这一技术来设计、绘制模型,并利用三维打印机和激光切割机进行加工。目前这种技术已经成为制作创客作品的主流方法。在创客马拉松比赛中,通常会提供这些设备,以便参赛者更好地展示自己的创意。因此三维建模、三维打印和激光切割等技术已经成为创客必备的技能之一。

在进行竞赛案例实践的学习之前,需要掌握基本的三维建模知识。这不仅包括软件的基本操作,还包括常见的三维建模思路和方法。学习了这些知识,掌握了三维建模的技巧和精髓,才能随心所欲地绘制所想作品的三维模型,从而更好地应用于创客作品的制作中。

3D One 和 3D One Cut 是两款非常适合创客作品建模的软件,它们操作简单、功能强大,读者可以扫描右侧二维码找到本书配套的视频教程进行学习。

3.4 作品物化

作品物化是指将绘制在设计图纸或三维虚拟空间的作品转化为实物的过程。三维打印和激光切割是目前非常流行的创客作品物化手段，图3-18所示为激光切割加工零部件。

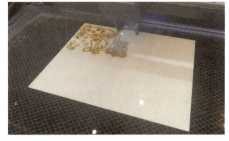

图 3-18

 我看创客

轻轻单击，将作品的三维模型设计文件发送给三维打印机，这个机器就能将数字世界的设计模型变成看得见、摸得着的实物。

激光切割机能像手术刀一样精确地切割材料，要切割的部分在高温激光束的作用下瞬间就会灰飞烟灭。用它制作出来的作品非常精致，就像精雕细琢的艺术品。

我学创客

在作品物化的过程中，还涉及多方面的知识和技能。

一、工具和设备的使用

- 三维切片软件：用于将三维模型转化为三维打印机能识别的文件，可以设置材料、层厚、打印头和平台温度，选择支撑结构等，确保打印出的作品满足设计要求。

- 三维打印机：用于将数字模型转化为物理实体的设备。我们需要了解三维打印机的操作、材料选择、打印过程中的问题解决方法等。图3-19所示为三维打印机在打印三维模型。

图 3-19

- 激光切割机：利用高能激光切割金属、木材等材料的设备。我们需要掌握激光切割排版软件的使用，生成或绘制激光切割路径并导出工程图纸文件。

不同品牌和型号的三维打印机和激光切割机的使用方法会有不同，但大同小异，大家可以根据自己的设备找到相应的资料进行学习。

二、外形结构的搭建与组装

外形结构的搭建与组装涉及手工技能和工具（如螺丝刀、钳子、焊接工具、热熔胶枪等）的使用。需要掌握基本的机械原理和材料知识，以确保结构的稳定性和组装过程的安全性。

三、作品功能的验证和调试

在完成物理组装后，需要对作品的功能进行验证和调试，这可能涉及软件编程、传感器测试、系统集成等多个方面。通过不断调试和优化，确保作品性能达到预期。

四、问题解决能力

在创客作品的制作过程中，难免会遇到各种问题和挑战。具备较强的问题解决能力能够帮助创客们克服困难，持续推进项目。

五、安全意识

在制作过程中，特别是在涉及使用工具和设备时，确保工作区域的安全至关重要。应具备较强的安全意识，了解并遵守相关的安全规定和操作流程，确保个人和他人的安全。

六、项目管理

有效地管理项目进度、资源和质量是创客应具备的重要能力。学会制订计划、分配任务、跟踪进度并及时调整，以确保项目的顺利完成。

作品物化是一个综合性的过程，涉及多个领域的知识和技能。只有不断地实践和学习，不断提升自己的能力，才能创造出令人惊叹的创客作品。

我做创客

1. 想一想

把智能主控板的外壳模型实物化，可以用纸板或木板手动制作，也可以用三维打印机打印，还可以用激光切割机进行加工，你还能想到什么方法制作外壳？这些制作方法有什么不同？

2. 做一做

试一试用三维打印机对模型进行切片，看一看主要有哪些参数影响打印效果，或者用激光切割机进行加工，也可以选择网上的三维打印、激光切割服务进行加工。

创客分享

和同学交流一下，看看大家想到了什么样的方法制作外壳，都制作了哪些形状的外壳。可以先和同桌或者在小组内进行分享交流，然后在班级内进行分享交流，看一看大家的不同创意。

3.5 成果提炼与发布方法

我看创客

在教室里，同学们和老师围坐在一起，他们的目光都聚焦在小创同学身上。小创同学面前的桌子上摆满了他制作的各种智能作品，三维打印的小台灯、用激光切割机制作的智能相框、用开源硬件制作的智能花盆等，他熟练地演示每个作品，介绍制作的方法和过程，以及自己的收获和感悟……

随着小创的精彩分享,同学们的热情也越来越高涨。他们纷纷表示要尝试自己制作智能作品,甚至还有一些同学主动向小创请教技术问题。

创客作品制作完成后,成果的提炼和发布对于作品的推广非常重要。通过有效的提炼和发布,可以让更多人了解和欣赏你的作品,进一步激发创作热情。以下是成果提炼和发布创客作品的方式。

一、成果提炼

在成果提炼阶段,需要对作品的核心价值和意义进行总结,帮助别人更好地理解你的作品。

- 简述创意来源:告诉大家作品的灵感来自哪里,让大家更好地理解你的创作初衷。
- 展示作品的创新点和功能:用简单明了的语言描述作品的功能和创新之处,让大家明白作品的亮点在哪里,解决了什么问题。
- 分享制作过程:制作过程难以一一陈述,可以挑选几个有趣或有挑战性的步骤简单描述,让大家了解创作过程。
- 体验感受:分享使用或操作作品的感受,让大家更好地理解作品的价值和意义。
- 总结收获:总结并分享在创作过程中遇到的困难,学到的新知识,获得了哪些经验等,这不仅可以帮助自己巩固所学,还可以鼓励其他人在创作中勇敢尝试。

二、发布方式

发布作品时,选择合适的发布方式可以让更多人看到你的作品。

- 班级展示:在班上展示作品,让同学们欣赏。这是最直接的方式,也是最容易实现的一种方式。
- 创客活动:如果有机会,可以参加创客活动或比赛,既可以展示自己的作品,又可以与其他创客交流学习。
- 社交媒体:可以在微信、微博等平台上分享作品照片和制作过程。只要作品足够优秀,就有可能被更多人看到并传播。
- 教程分享:如果觉得自己的作品有教学意义,可以尝试制作简单的视频教程或图文教程,教大家如何制作自己的作品。这样不仅展示了作品,还提高了自己的表达能力。
- 与家人和朋友分享:最简单的方式是与家人和朋友分享自己的作品,他们可以提供反馈和建议帮助你改进作品。
- 合作推广:与其他创客、设计师或企业合作推广作品。通过合作可以整合资源、共享渠道,实现作品的更广泛传播。当然,这需要我们具备一定的合作意识和能力。

我做创客

1. 想一想

选择自己制作的某个创客作品,在学校科技节上进行展示,你会从哪几个方面进行介绍?哪个方面你会重点介绍?

2. 评一评

把自己的作品分享给不同的对象,例如同学、家长、老师、展会观众、其他创客、比赛评委等,看看他们会给出什么评价。

3. 做一做

选择一个自己的作品,写出一个提交给竞赛平台的作品说明,然后做一个PPT文档对作品进行介绍,并拍摄一个展示作品的视频。

创客分享

和同学交流一下,看看大家将要分享什么样的作品,分享作品时会重点介绍什么。

可以先和同桌或者在小组内进行分享交流,然后在班级内进行分享交流,看一看大家的不同创意。

在本节的学习中:

你看到了	
你学到了	
你做了	
你感受到了	
你还发现了	

第4章　智能省心实验花盆

第5章　导盲腰包

第6章　菜品份量提示器

第2篇
竞赛案例实践

创客竞赛要求参赛者紧扣竞赛主题，发现问题、分析问题，最后合理解决问题；要求参赛者综合运用科学、技术、工程、艺术、数学等知识，以及具备创新思维、设计方法、软硬件专业知识、作品物化能力等多方面素养，是一项考验参赛者综合能力的竞赛。

制作创客作品时，创客关注的问题不同，解决问题的方法各异，用到的软硬件设备也不尽相同。那么在千差万别、特色各异的创客作品制作过程中，有没有规律可循？能不能找到相对统一的模式进行参考？本篇以3个获奖作品为例，带领大家寻找答案。

通过学习、复盘和迭代创客竞赛中的优秀作品，一方面可以体验作品设计与制作的全流程，了解其中的思路与方法；另一方面可以学习相关专业知识，锻炼自己的综合能力，为自己成为优秀创客的一员积累能量，让自己在将来的创客竞赛中大放异彩。

根据本篇内容的特点，分别设置了以下栏目。

面临问题
在学习或项目实践环节中，需要解决的问题或者遇到的难题。

实施方法
在学习或项目实践中用到的方法，涉及任务的解读和项目实践的方法指导等。

知识清单
项目实践所需要具备的核心知识，提供学习资源或途径。

项目样例
项目实践的具体实施过程介绍。

拓展/实践
基于项目实践的拓展练习和创新实践，或者实践过程中伴生项目的相关任务。

04

第4章
智能省心实验花盆

案例概述

该案例基于2018年全国中小学信息技术创新与实践大赛一等奖作品,根据编写内容要求,对原作品进行了修改,修改后作品全貌如图4-1所示。

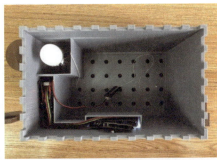

图4-1

功能简介

智能省心实验花盆是一款智能植物养护装置,能自动监测环境温湿度和土壤湿度,当环境条件不利于植物生长时,可以发出警告提醒,让植物养护更简单、省事。它综合运用了大气压强原理和智能控制技术,在自动浇灌的基础上,实现了对土壤湿度和环境温湿度的监控,为植物提供了更加科学的养护方式。此外,它能确保植物的水分需求得到精确满足,有效防止缺水或过度浇水导致的枯萎和烂根问题。

项目实施总览如图4-2所示。

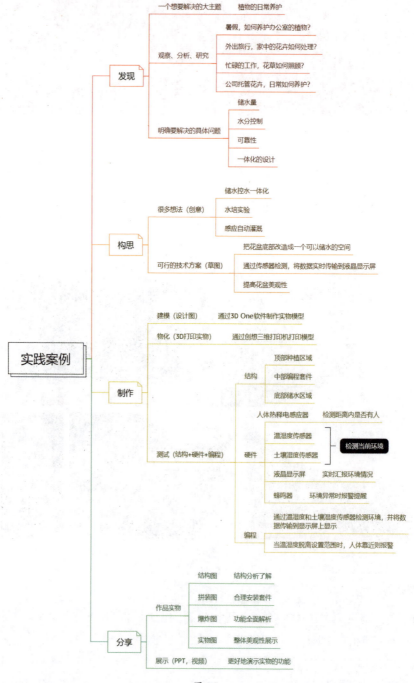

图4-2

4.1 发现问题，创意构思

一、创作主题

设计并完成一个由三维打印结构和开源电子硬件组成且具备一定功能性、艺术性及人机交互性的作品（摘自比赛任务书）。

二、创意来源与构思

❓ 面临问题

获取创意不是一件容易的事情，创客们往往绞尽脑汁也找不到好的创意。要如何打破常规，在日常生活中习以为常的事物上有所突破，找到人们比较迫切的需求，由此获得好的作品创意呢？

💡 实施方法

可以从身边熟悉的物品入手，首先认真观察它的使用情况，如果能找出它的缺点或不足，并且找到合适的解决方法，就获得了一个有效创意。其次尝试让物品脱离常规的使用场景，在非常规的情况下，让它暴露出问题，最终找到解决方法。

📖 项目样例

例 智能省心实验花盆的创意获取过程。

观察教室的花盆感觉很难找到创意。试着寻找非常规的情况：在节假日，教室的花长时间无人照料，就能想到现有花盆在自动养护、智能监控等方面存在不足。

初步确定设计一款能够自动浇灌绿植、具备智能监控功能、确保植物在无人照料的情况下也能健康生长的装置。为了实现这个创意，可以进行市场调研和对比分析，研究现有的花盆类型，总结它们的创新之处和存在的不足。

进行市场调研，了解市面上已有的各种花盆类型。通过对比分析，总结目前市面上的花盆已经实现的较新颖的功能，找出它们存在的缺陷，为后续的创新设计做准备。

（1）App远程控制类智能花盆。

如图4-3所示，这类智能花盆能利用传感器监测温湿度、光照情况等，并通过物联网与手机App相连，实时反馈植物状态，方便随时查看并调整植物生长环境。

优点：设计简约美观，适应现代家居风格；手机App远程监控，实时了解植物状态。

不足：需要手动调整环境参数，如浇水和控制光照；需有一定的植物养护知识才能有效使用。

（2）显示屏显示类智能花盆。

如图4-4所示，这类花盆有传感器和显示屏，显示屏用来显示植物的生长状态，让养花更有趣。设计直观，功能易用。

图 4-3　　　　　　　　　　　　　图 4-4

优点：显示屏直观显示植物需求，简单易用；增加了花盆的趣味性和互动性。

不足：养分供应不如传统花盆全面；容积较小，植物的生长空间有限。

（3）控水控肥类智能花盆。

如图 4-5 所示，这类花盆利用传感器来控制水分和养分的供给，确保植物在最佳状态下生长。花盆内部有独立的储水储肥区，方便管理。

优点：传感器精确控制水肥供给，适合植物生长；分离式设计方便添加水和肥料。

不足：浇水可能不均匀，需要留意植物状态；需要电力供应和定期维护。

总结现有花盆的优缺点，做好记录，并通过集体讨论选择创意方向，初步完成创意构思，填入表 4-1。

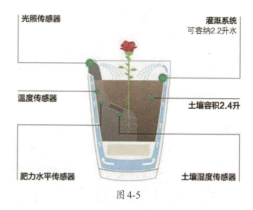

图 4-5

表 4-1

要解决的问题	创意点子	讨论结果
解决盆底积水问题	将花盆壁和水瓶结合	同意
轻松移动花盆	给花盆添加轮胎	不实用，放弃
提高植物存活率	减小水分蒸发面积	实现难度大，搁置
增加植物养护的趣味性	探究不同变量对植物的影响	暂时无解决办法，搁置
减少蚊虫滋生	一体化设计	同意
使花盆更具观赏性	仿古建筑，双层结构	同意

三、创意的选定

选定主题后，结合讨论结果和实际情况，进一步明确作品的主要功能，填入表 4-2。

表 4-2

需求分析	功能设想	备注
降低浇水频率	蓄水盆壁，缓慢浇灌	
植物状态不好时需要提醒	监测植物生长环境，有问题时启用蜂鸣器报警功能	
防蚊虫滋生、积水	一体化托盘结构	

4.2 作品设计

完成创意构思后，便要制定设计方案，它由一个个具体问题的解决途径组成，是连接创意与作品的桥梁，有了它，美妙的功能设想才能实现。如何找到作品设计的问题及其解决途径呢？

4.2.1 技术方案设计

面临问题

经过前面的步骤，已经确定了创意方向。要实现这些创意，就需要为其设计合理的技术方案。该如何拟定符合要求的技术方案呢？

实施方法

为了简化问题，可对创意的实现要求进行拆解，由此获得若干个需要解决的小问题，并为每个小问题设计解决方案。在确定技术方案后，对于涉及智能控制的部分，先将功能模块与主控板连接，并且编写基础程序，验证技术方案的实际可行性。

项目样例

例 智能省心实验花盆作品方案设计。

一、问题拆解分析

实现盆栽的低频率浇水并确保植物健康生长的设计思路如下。

- 持久供水：盆壁设计为储水结构，根据大气压强原理，利用负压结构实现储水缓慢流出；使用棉线引流，让水分均匀、持续流出，减少土壤湿度突然变化对植物造成的伤害。
- 根系促进：实现盆底蒸腾，让植物根系向下生长，增强植物稳定性。防止土壤和肥力流失。
- 健康监测：监测植物生长环境，发现异常时通过蜂鸣器发出警报。利用人体热释电传感器监测人员靠近情况，有人靠近时报警，提高报警有效性。
- 防蚊虫设计：摒弃传统托盘，采用无积水的一体化设计，防止蚊虫滋生，保持花盆环境清洁。

二、功能框图绘制

为了更清晰地阐述作品的功能架构并确保设计过程的流畅性,根据问题拆解分析绘制出一份详细的作品功能框图,如图4-6所示。

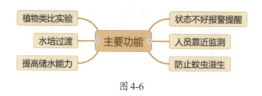

图 4-6

三、传感器、执行器选择与输入输出端口规划

基于功能框图,针对每个功能精心挑选合适的传感器和执行器。此外,还要选择一款主控板作为整个系统的"大脑"。根据传感器和执行器的数据要求,规划主控板的输入输出端口,如图4-7所示。

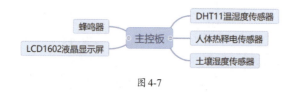

图 4-7

由此可以确定智能省心实验花盆基于Arduino UNO主控板的硬件设计,如表4-3所示。

表4-3

元器件名称	作用	信号类别	端口号
温湿度传感器	监测环境当前温湿度	数字通信	A2
土壤湿度传感器	监测土壤当前湿度	模拟信号输入	A3
蜂鸣器	发出警告信号	数字信号输出	4
人体热释电传感器	监测是否有人靠近	数字信号输入	6
液晶显示屏	实时显示当前温湿度等	I^2C	SCL、SDA

4.2.2 原理验证

虽然找到了实现作品功能的技术方法,并选好了传感器和执行器,但在制作作品前,还需要验证应用它们的真实效果。可以把这些模块和主控板连起来,编写简单的程序测试一下。如果测试结果符合预期,就可以开始制作作品原型了。

一、温湿度监测

用杜邦线将温湿度传感器的VCC（电源正极）和GND（地）端口分别与主控板的VCC（5V）和GND端口相连接（绝大多数模块的接法与此相同，后文中没有特殊说明则均按此方法接线），将DATA端口连接到A2端口，如图4-8所示。

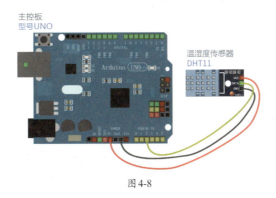

图4-8

然后利用Mixly编程软件编写图4-9所示的测试程序，程序成功上传到主控板后，可以在串口监视器查看串口输出的温度值和湿度值。

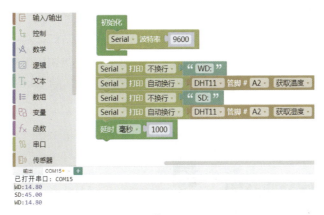

图4-9

二、土壤湿度调控

土壤湿度模块的连接方式与温湿度模块的连接方式类似，但是由于土壤湿度传感器输出的是模拟信号，因此它的输出端口只能接在主控板的模拟输入端口，这里将它接在主控板的A3端口上，如图4-10所示。

编写图4-11所示的控制程序，用串口输出测得的参数值。

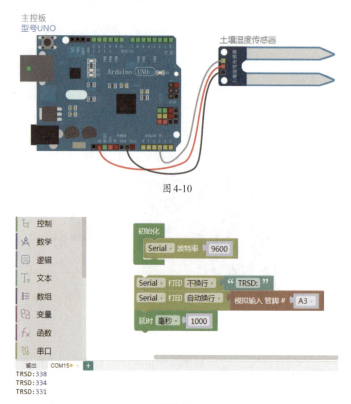

图 4-10

图 4-11

三、显示屏显示温湿度

将LCD1602液晶显示屏接在UNO扩展板的I²C端口（如果不使用扩展板，则需要将LCD1602液晶显示屏的SDA和SCL端口分别接在主控板的A4、A5端口，如图4-12所示）。

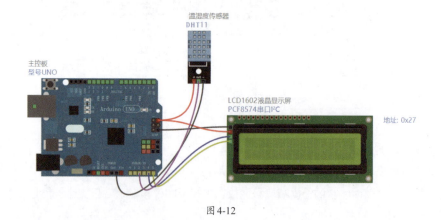

图 4-12

编写图4-13所示的程序，将所检测的数值传输到显示屏上显示，以便查看。

图 4-13

四、人员靠近监测和报警

将人体热释电传感器接在主控板的 6 号端口，将有源蜂鸣器的两个引脚分别接在主控板的 4 号端口和 GND 端口，如图 4-14 所示。

打开 Mixly 编程软件，选择 Arduino UNO 主控板，在窗口左侧的程序模块区域选择不同模块，搭建图 4-15 所示的程序，实现有人靠近时有源蜂鸣器发声，且通过串口输出监测结果。

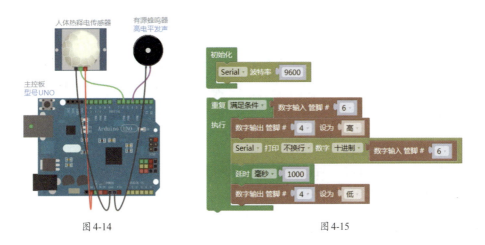

图 4-14   图 4-15

将以上程序上传后，若对应的结果符合设想，则证明各个元器件能够达到设计要求，接下来就可以进入作品的实际制作环节了。

4.2.3 造型设计

要做出作品，需要先根据完成验证的设计思路设计模型外观，为后续的建模和制作做准备。在这个过程中还需要考虑元器件怎么放最好看、最合理，为此可以绘制设计草图，以此调整和完善细节，让作品既实用又美观。

项目样例

例 智能省心实验花盆设计草图如图4-16所示。

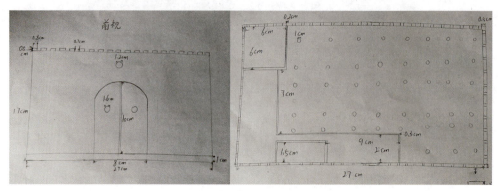

图4-16

4.3 三维建模

进行实物制作时需要选择合适的建模软件和加工途径。激光切割速度快,主要用于板材的加工,适合以平面和简单弧面为主、方便利用板件拼接的结构。可以使用3D One Cut软件绘制三维模型,当然也可以用3D One软件建模,再利用3D One Cut软件进行激光切割处理。

如果作品有较多复杂的空间曲面,利用激光切割进行处理比较麻烦,有些复杂曲面结构无法通过板材切割获得,这时可以采用三维打印进行加工。由于三维打印输出速度慢,通常用于非现场竞赛作品的制作,现场竞赛时间紧迫,需要谨慎使用。智能省心实验花盆采用三维打印进行加工。

面临问题

要利用三维打印完成部件的加工,需要先进行三维建模。如何把设计好的造型结构利用建模软件绘制出来呢?

实施方法

在运用三维建模软件设计作品时,一般依据设计草图确定建模基本思路,由此选择合理的建模方法。在这个过程中需要充分考虑电子元器件的实际尺寸,对作品的整体造型进行分析和规划,确定各元器件之间的相对位置。

📖 项目样例

例 智能省心实验花盆三维模型设计。

一、绘制智能省心实验花盆外框架

后续操作需要熟练使用3D One软件的相关功能，如果还不了解软件的用法，请先返回知识储备篇，学习配套视频教程。

如图4-17所示，选择【六面体】命令，在原点绘制长度为270mm、高度为200mm（优化了草图中的设计值）、宽度为160mm的六面体，选择【特殊功能】→【抽壳】命令，将六面体变为外壁厚度为5mm、上端开口的盒状结构。

图4-17

如图4-18所示，选择【草图绘制】→【矩形】命令，选择前面作为草绘平面，在左下角绘制一个20mm×60mm的矩形草图，选择【特征造型】→【拉伸】命令，将两边分别拉伸0.5mm和-5mm，获得一个长方体外墙砖。

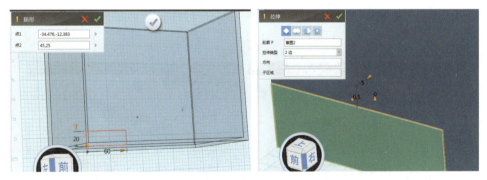

图4-18

如图4-19所示，选择【特征造型】→【圆角】命令，在长方体前面进行1mm的倒圆角，然后选择【基本编辑】→【阵列】命令，单击【线性阵列】按钮，向右侧阵列形成紧密排列的6个长方体。

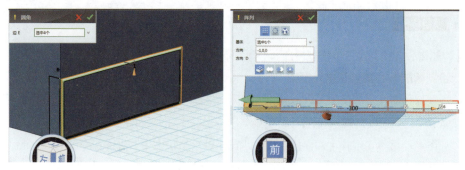

图 4-19

如图4-20所示,选择【组合编辑】命令将6个长方体组合成一个实体,然后选择【基本编辑】→【阵列】命令向上阵列排满;选择【基本编辑】→【移动】命令,单击【动态移动】按钮,将实体向左平移30mm,让相邻的实体错位排列并组合成一个整体,以形成砖墙结构。

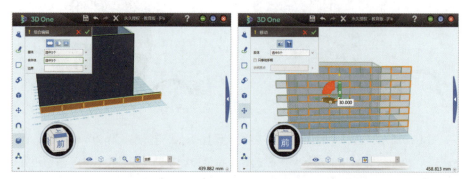

图 4-20

如图4-21所示,选择【基本编辑】→【镜像】命令获得后方的砖墙结构,然后选择【基本编辑】→【阵列】命令,单击【圆形阵列】按钮,获得一个旋转了90°的结构。

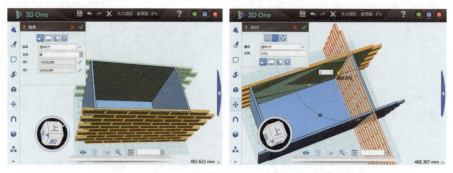

图 4-21

如图4-22所示,再分别对平面和线进行镜像,以获得两个侧面的砖墙结构。

第4章 智能省心实验花盆

图 4-22

如图4-23所示,选择【组合编辑】命令,将盒装结构与4个方向的砖墙结构进行交运算,获得花盆外壳;利用拉伸草图的方法,在花盆顶部边缘绘制一个小长方体,并且通过阵列和镜像,获得墙体上方的垛口结构。

图 4-23

完成花盆主体结构的绘制,如图4-24所示。

图 4-24

二、水槽区域造型结构制作

如图4-25所示,选择墙体侧面作为草绘平面,在距离花盆底部20mm的位置绘制一条直线段,选择【特殊功能】→【实体分割】命令,沿直线段将花盆分割成底部水槽和花盆主体两个部分,选择【显示/隐藏】命令将花盆主体隐藏起来。

43

图 4-25

如图 4-26 所示,选择【草图绘制】→【参考几何体】命令,依次选择水槽内侧的边,在水平网格面里获得底板轮廓草图,拉伸该草图获得水槽底板。选择前面作为草绘平面,在水槽中心位置绘制一条竖直的中线,选择【草图编辑】→【偏移曲线】命令,勾选【在两个方向偏移】复选框,获得两条相距 80mm 的直线段,删除刚刚绘制的中线,连接直线段端点,获得一个长为 80mm、宽为 20mm 的矩形草图。

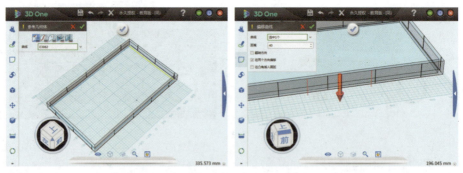

图 4-26

如图 4-27 所示,拉伸矩形草图进行减运算,获得一个缺口。在底板上平面上正对缺口的位置绘制一个 80mm×30mm 的矩形草图,将其拉伸成一个长方体。

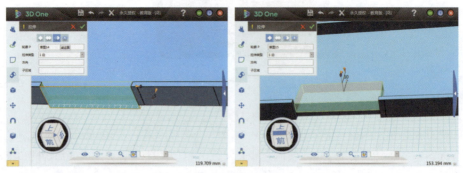

图 4-27

如图4-28所示，选择【特殊功能】→【抽壳】命令，【造型S】选择绘制的长方体，【厚度T】设置为3，【开放面O】选择长方体上面和前面，获得水槽上内凹的侧板，完成水槽的绘制。

图4-28

三、绘制花盆外侧装饰部分

在底部菜单栏中选择【显示/隐藏】→【显示几何体】命令，将隐藏的花盆主体显示出来。

如图4-29所示，使用先绘制草图再拉伸的方法或者直接使用【六面体】命令绘制一个正四棱柱，然后选择【基本编辑】→【阵列】命令将它排列在整个花盆右侧面和前面的右边，最后选择【基本编辑】→【DE移动】命令，将正四棱柱的顶面高度依次减少20mm，最终形成类似于台阶的形状。

图4-29

四、绘制储水空间和电子元器件存储部分

如图4-30所示，隐藏花盆主体，选择【基本编辑】→【阵列】命令，复制花盆主体的底板，在底板上面绘制外框尺寸为60mm×60mm、间距为3mm的回字形草图，向上拉伸150mm获得储水空间。

如图4-31所示，在底板上面，先后选择【直线】、【矩形】命令和【草图编辑】→【单击修剪】命令绘制电子元器件储存部分的形状，选择【草图编辑】→【偏移曲线】命令获得间隔3mm的平行线。

图 4-30

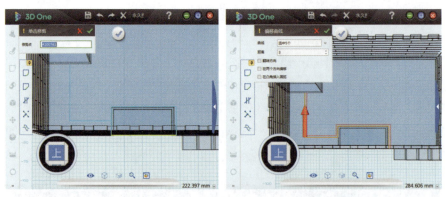

图 4-31

如图4-32所示,将所有线条端点连接,形成封闭草图,将草图向上拉伸150mm获得电子元器件隔板。采用相同的方法在隔板上方绘制电子元器件存储部分的盖板。

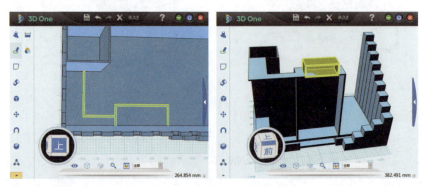

图 4-32

如图4-33所示,通过绘制草图、拉伸、减运算,将靠左侧的挡板开孔,获得电子元器件连线通道。

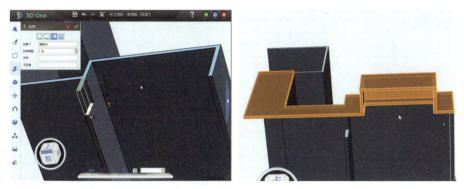

图 4-33

五、绘制花盆底孔部分

在底部菜单栏中选择【显示/隐藏】→【显示几何体】命令，将隐藏的花盆主体显示出来。

如图4-34所示，以花盆底板上面为草绘平面，绘制一个圆形草图，选择【基本编辑】→【阵列】命令将它排满整个底部，删除花盆底板以外的草图，向下拉伸草图并进行减运算，完成底板的开孔设计。

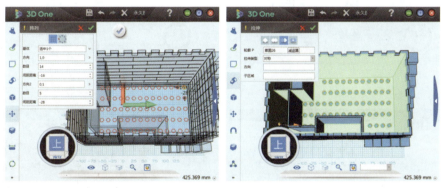

图 4-34

六、制作水位观察窗

如图4-35所示，选择花盆主体左侧面作为草绘平面，在储水区位置，选择【矩形】命令绘制一个30mm×45mm的长方形草图，将它拉伸成长方体，使用【圆锥体】命令在长方体上绘制一个圆台。

如图4-36所示，选择【圆角】命令把圆台绘制为把手，并与长方体组合，做成观察窗的盖板。按Ctrl+C组合键，打开【复制】对话框，【实体】选择盖板，【起始点】、【目标点】选择同一个点，将盖板在原位置复制一份。

如图4-37所示，选择【基本编辑】→【缩放】命令，将其中一个盖板放大为原来的1.05

倍。选择【组合编辑】命令,通过减运算将花盆壁用放大后的盖板挖出缺口,获得观察窗洞。

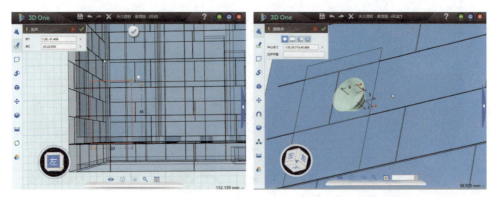

图 4-35

图 4-36

图 4-37

如图4-38所示,选择【移动】命令的动态移动模式,勾选【只移动手柄】复选框,将手柄放置在窗口竖直边后取消勾选。转动手柄,让门沿着门框竖直边旋转,让盖板变成半开状态,完成观察窗的制作。

48

第4章　智能省心实验花盆

图 4-38

七、小塔装饰绘制

如图4-39所示，选择【六面体】命令，绘制60mm×60mm×30mm的长方体，然后选择【拉伸】命令，【轮廓P】选择长方体顶面，拉伸高度为5mm，倾斜角调整为30°。

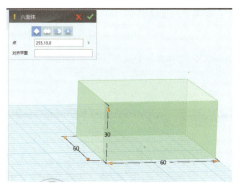

图 4-39

如图4-40所示，使用类似的方法绘制出小塔装饰的底座部分。选择【六面体】命令，在底座顶部绘制一个70mm×70mm×（-5mm）（负值表示摆放方位朝向下方）的长方体。

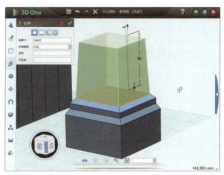
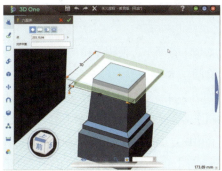

图 4-40

49

如图4-41所示,选择【拉伸】命令,将【轮廓】设置为长方体顶面,拉伸高度设置为15mm,倾斜角度为45°,绘制出瓦面台体。选择【圆柱体】命令,绘制一个半径为2mm、长度为40mm的直立圆柱体。选择【移动】命令,单击【动态移动】按钮,将它向后倾斜45°。

图4-41

如图4-42所示,单击【点到点移动】按钮,将圆柱体移动到瓦面台体上底面前侧轮廓线中点位置,并使用【阵列】命令将它复制排列。选择【特殊功能】→【实体分割】命令,用瓦面台体的侧面依次对圆柱体进行分割,并删除多余部分。然后在垂直于瓦面台体侧面的草绘平面中绘制一个半径为2mm的圆形。

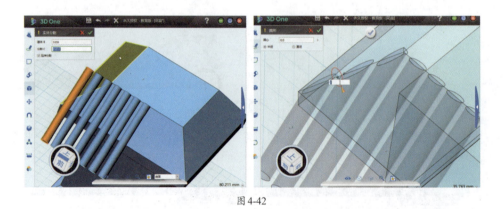

图4-42

如图4-43所示,使用【拉伸】命令将圆形拉伸成圆柱体,使用【组】→【成组】命令将所有圆柱体组合。

如图4-44所示,选择【镜像】命令,让圆柱体排满瓦面台体的4个侧面,并选择【组合编辑】命令,将台体和所有圆柱体组合成一个实体。选择【特殊功能】→【实体分割】命令,利用长方体的底面下沿所在曲面对组合体进行实体分割,去除圆柱体的多余部分。选择【圆环折弯】命令,【造型】选择组合后的瓦面台体,【基准面】选择台体上底面,折弯半径均设置为100mm,获得飞檐瓦面结构。

第4章 智能省心实验花盆

图 4-43

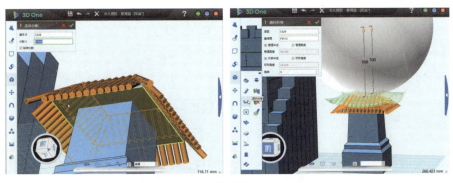

图 4-44

如图4-45所示，选择【基本编辑】→【阵列】命令，将塔体上部和瓦面向上复制一份，并用【缩放】命令将它缩小到原来的4/5，使用【显示/隐藏】→【隐藏】命令，将下方瓦面隐藏起来，最后利用【抽壳】命令将塔体变成厚度为3mm的壳体。

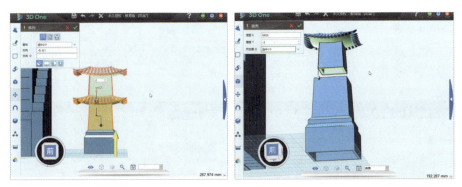

图 4-45

如图4-46所示，使用【圆锥】和【椭球体】命令为小塔绘制一个塔尖，再将它们组合成一个整体，移到水瓶放置处的上方，完成小塔装饰的制作。利用类似的方法，完成观察窗上方瓦片的制作。

51

图 4-46

八、电子件开孔、存储区域的制作

如图4-47所示,通过绘制草图、拉伸、减运算在花盆主体的前方绘制一个直径为12mm(人体热释电传感器的尺寸)的圆形安装孔。用同样的方式根据LCD1602液晶显示屏的尺寸绘制一个30mm×80mm的长方形安装孔,并在下方绘制一个城门洞和两扇城门。

图 4-47

如图4-48所示,在显示屏开孔的外侧绘制一个长方体盖板,在盖板上使用【草图绘制】→【预制文字】命令写上文字"城元奉",并将文字草图拉伸成实体,然后在盖板和墙体上分别挖出两个安装孔。

图 4-48

至此就完成了花盆的三维建模，如图4-49所示。为了美观，还可以用渲染软件进行渲染。

图 4-49

更加详细的建模过程，请扫描右侧的二维码观看本书配套视频教程进行学习。

扫码看视频

> **拓展/实践**
>
> 一般而言，一个三维模型的建立方法并不是唯一的，在熟悉花盆结构和建模方法以后，可以试着按自己的思路重新完成模型的建立，然后总结自己建模遇到的问题。

4.4 ▶ 作品制作

或许你觉得将建好的三维模型交给三维打印机，作品就能直接生成了。其实不然，由于目前三维打印技术水平的限制，有两个重要因素会直接影响打印质量：一是模型整体与打印平台的附着问题，附着面太小，模型容易在打印过程中脱落，造成打印失败；二是悬空部位的附着问题，打印的材料无法凭空堆砌，需要做相应的技术处理。

4.4.1 三维打印部件拆分

一方面，在进行三维打印时，如果将一个复杂模型直接输出，常常会因为部件悬空或者附着不牢固等造成打印质量差甚至打印失败。另一方面，在设计中设置有一些安装电子件和其他部件的结构，如果一次成型，需要安装的部件就无法装入。因此在打印时需要找到一个合适的打印方案，对模型进行合理拆分（见图4-50）后进行打印。

实施方法

在进行三维打印时,可以根据模型结构特点,将复杂模型进行合理拆分,然后单独打印,最后将打印出来的部件进行组装。另外,还可以变换模型的摆放角度和方位,增加附着面或者减少打印支撑等,必要时还可以为模型添加支撑结构。

项目样例

例 智能省心实验花盆模型拆分、导出、打印过程。

图 4-50

一、造型的零部件拆分

根据结构特点和组装要求,将花盆模型拆分成图4-51所示的主体、零件、底部、开源电子件存放区间及小塔装饰等多个零部件单独打印。

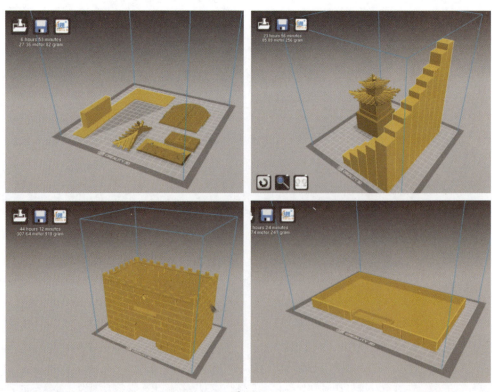

图 4-51

二、模型导出及打印

将分割好的部分单独导出为工程文件,这样可以一次性将多个零部件放置在平台上同时打印，从而提高打印效率。

一般情况下，将高度差异不大的零部件放在一起打印，可以将水位观察窗装饰、显示屏遮挡装饰、水位观察窗门板、电子件盖板和城门板放在一起打印；将小塔装饰、花盆装饰放在一起打印。花盆整体、底部储水区域本身比较大，可单独打印，如图4-52所示。

图 4-52

4.4.2 作品设计方案的迭代与优化

❓ 面临问题

在进行造型设计时，需要考虑的因素较多，常常会遇到最初设计时没有考虑到的问题，因此加工过程中往往需要多个版本的迭代，才能最终生成满足要求的作品。

📖 项目样例

最初的设计是圆柱体的花盆，但实际打印并进行实验时，会发现元器件外露，为此将设计修改为长方体花盆，并进行一定的修饰。在保证模型美观的同时，还需要考虑平台支撑对模型尺寸的影响。可以在建模过程中合理规划支撑区域，从而达到节约材料的目的。

一、整体结构的优化迭代

整体结构的优化迭代如图4-53所示。

1.0版本　　　　　　　2.0版本　　　　　　　3.0版本

图 4-53

1.0版本：在初始版本的基础上，对储水区域的位置进行了调整，将其下调并使其更为紧凑，从而无须打开花盆底部即可进行水分补充。对作品的外观进行了进一步的美化，并开始尝试种植多种植物。但外观仍有待改善，特别是电子元器件的外露问题，需要进一步解决。

2.0版本：摒弃了原有的圆柱体设计，采用类似城墙的构造。不仅为零部件提供了更合理的摆放空间，还显著提升了模型的美观度。然而，随着花盆体积的增大，储水区域相对减少，导致浇水频率增加。此外，水容易渗透到显示屏内部。

3.0版本：此版本重点优化了储水区域的设计，将墙体部分转化为储水区域，从而在不减少土壤体积的前提下增加了储水容量。此外，在前方增加了一个小工具存储区域，并增设了装饰物，以提升花盆的实用性和美观度。

二、打印过程中的优化

- 由于墙壁太薄，易碎，将主体墙壁的厚度由3mm修改为5mm。
- 由于最初设计的孔洞太大，土壤流失严重，将主体底部孔洞的直径修改成2.5mm。
- 底座太矮，储水量太少，不利于蒸腾。为此将底座高度由10mm修改为25mm。
- 水瓶摆放位置的墙壁过薄，易碎，因此将其壁厚由1mm修改为3mm。
- 为了整体的美观性，增加装饰零件，如放置小型工具的"城门"、装饰性"城墙"及"城门牌匾"。
- 所有零部件打印完成后，可以对照三维模型将它们组装起来，接着将电子元器件连接好并装入相应的位置，完成制作。

在细节处理方面，可以使用锉刀、砂纸、斜口钳、电钻等工具来精准调整作品结构，将误差控制在最小范围内。

4.5 功能实现与程序调试

面临问题

经过上述环节，硬件设计已基本成形。接下来需要为作品赋予"思考"能力，使其焕发活力——通过编写控制程序，实现预设的全部功能；对作品功能进行全面测试与调试，探寻符合实际需求的程序参数，使作品真正发挥作用。

实施方法

在功能验证阶段需要对各项功能的实现方案进行原理验证。目前，需要对各个模块的功能进行统筹规划。可以依据问题的重要程度来确定程序运行逻辑，协调各类传感器信号的采集及各种情况的处理顺序和处理方法。在此基础上，绘制程序流程图，并根据流程图完成程序的编写。在真实或模拟环境下测试作品的运行效果，并调试程序运行所涉及的参数，以优化作品的功能。

 项目样例

例 智能省心实验花盆控制程序的编写及程序整合。

一、程序流程图的绘制

为了更有效地进行程序编写，通常会先绘制一份程序流程图，如图4-54所示。程序流程图可用来确定程序的总体框架，确保各个模块之间的顺畅协作和整体功能的稳定实现。

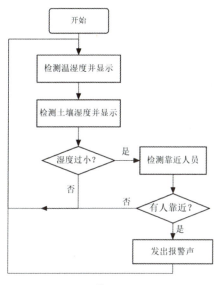

图4-54

二、程序编写

Mixly初始化模块只会被执行一次，如图4-55所示，可以在该模块设置显示器的参数，并且设置"环境温度""环境湿度""土壤湿度"3个变量来记录环境监测结果。

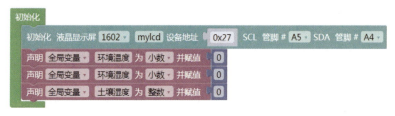

图4-55

根据流程图编写图4-56所示的控制程序。

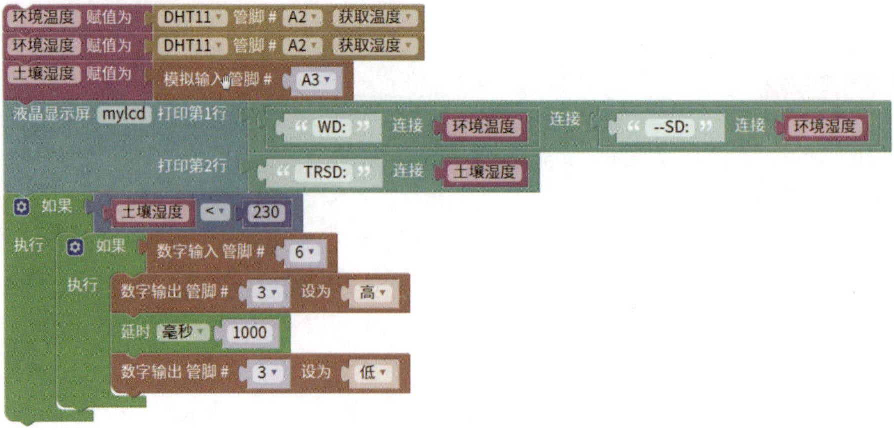

图4-56

在进行显示处理时，利用字符串连接，将变量名称和具体数据组合显示，让每个数据的含义更加清楚，还可以给数据加上单位。

在进行报警逻辑判断时，首先判断土壤湿度，如果它小于设定值，进一步检测是否有人靠近，若有，让蜂鸣器发声，达到报警效果。

三、参数调试

在前面的程序里，用于进行湿度判断的值是测试中临时设置的参考值，真实的参数值需要经过实际测试才能确定。

可以找一盆土壤干燥、需要马上浇水的盆栽，将土壤湿度传感器放置到土壤里进行测量，此时测得的湿度值即实际的报警阈值，将该值设置进程序里，完成湿度参数调试。

拓展/实践

在本案例中，判断逻辑是湿度不够时再判断是否有人，完成报警提示，这种工作模式会使传感器不停检测土壤湿度。请将判断逻辑改成先判断是否有人，有人经过时检测和判断湿度，然后完成报警提示。先绘制程序流程图，再试着修改控制程序。

目前的控制程序只是实现了土壤湿度报警，其实植物生长对环境温湿度也有要求，请优化控制程序，实现花盆在环境温湿度不达标时同样能进行报警提示。

4.6 成果发布

面临问题

如何让费尽心思做好的作品更具吸引力？如何让他人对我们的作品的印象深刻？做好成果发布就是关键。起个什么样的作品名？怎么写好作品介绍文稿？怎样做好作品介绍与展示？这些都是作品制作完成后需要创客解决的关键问题。

实施方法

以下是进行成果发布的具体步骤。

（1）作品的命名。

给作品取一个容易让人记住的名字非常重要。如本案例，可以将作品的基本实现原理，再加上花盆的智能编程、省心和实验功能等特点，组成一个名称。

（2）介绍文稿的撰写。

介绍文稿用于介绍作品的设计思路、功能特点、创新点等，要简洁明了，突出重点，让听众能够快速了解作品。同时，要注意表达方式，尽可能地让文稿生动有趣，吸引听众的注意力。

（3）PPT的制作。

PPT是成果发布的重要组成部分，可以展示作品的设计图纸、效果图、功能演示等内容。注意，要使PPT的设计风格、配色方案等与作品的整体风格保持一致。

（4）展示视频的拍摄与编辑。

通过展示视频，全面展示作品的特点和功能。在拍摄和编辑展示视频时，要注意画面和声音的清晰度、配乐的选择等。

总之，成果发布需要综合考虑以上4个步骤，根据作品的特点和受众的需求进行调整和完善。只有充分地准备和精心地策划，成果发布才能取得较好的效果。

项目样例

例 智能省心实验花盆成果发布。

一、作品的命名

作品的命名：名称可包含基本实现原理，再加上该花盆存在智能编程，不必频繁养护植物，具备类比水培等实验功能，故命名为智能省心实验花盆。简单的8个字可以概括设计作品的功能，还可以体现创新之处。

二、介绍文稿的撰写

（1）创意要点的提炼与描述。

- 模型结构：整体结构为城堡的形式，如图4-57所示。

该设计具有一定的复古气息，灵感来源于西安的古城，花盆壁设计为城墙形式，储水部分参考两侧台阶，顶部的小塔装饰参考古代房屋建筑，显示屏设计为城门牌匾形式，城门则设计为一个可以存放小型工具的储物空间。

设计理念：满足盆栽个性需求，给花草一个故事。

- 侧面结构：左侧为水位观察窗，正前方为用于存放小型工具的城门，右侧则为用于储水的城墙台阶，如图4-58所示。水位观察窗用于观察水存储量，城门用于放置一些小型工具，方便日常管理植物，侧面的储水台阶用于保证有充足的水分供给。

模型整体外观

模型蓄水原理

图 4-57

水位观察窗

工具放置盒

侧面储水台阶

图 4-58

设计理念：配合城墙设计、增加存储功能。

- 内部结构：主要分为种植区域、电子区域和储水区域3个区域，如图4-59所示。种植区域为植物生长活动的区域，电子区域则是各种元器件安装的区域，储水区域则是能够在一定时间内确保无须浇灌的区域。

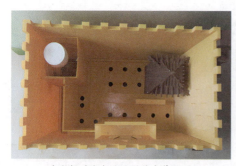
水瓶摆放和电子元器件安装位置

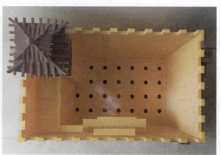
种植区域

图 4-59

设计理念：合理构造，充分利用有限空间，确保外观美观。

• 底部结构：底部结构主要分为储水结构和水分蒸发区域，如图4-60所示。储水结构可以保证当前水分供应充足，蒸发区域则可以控制水分蒸发的速度和蒸发量，还可以刺激植物向下扎根。

储水结构　　　　　　　　　　　　水分蒸发区域

图 4-60

设计理念：增加浇水后的有效供水时间，减少绿植养护工作量。

• 储水结构：储水时采用小孔出水和棉线引水，小孔出水最关键的作用就是防止水分过度释放，过度提高土壤湿度可能会导致植物根部腐烂，棉线引水的关键就在于水有张力，可以缓慢地将水引入水分蒸发区域，避免温度过高时水分蒸发过快，提高土壤湿度。该设计利用了压强原理和负压结构。

设计理念：利用物理知识解决问题，降低电路设计、结构设计难度。

• 电子硬件：根据功能需要使用了温湿度传感器、土壤湿度传感器、人体释热电传感器、蜂鸣器、LCD1602液晶显示屏5个模块，线路连接如图4-61所示。

（2）主要设计特色。

这款花盆的特色在于其自动调节水分的功能，该功能由两个核心部分共同实现：一个是塑料水瓶，用于储存水；另一个是出水口控制工具，它能够精确地控制水的流速和流量，确保植物得到合适的水分供应。

图 4-61

（3）功能亮点。

实时显示环境温湿度和土壤湿度；当土壤湿度过低且有人靠近时蜂鸣器会发出警报；提供实验功能，能帮助用户找到最适合植物生长的环境；有水培过滤功能，能有效降低植物细沙培养和水培过渡期死亡率。

（4）当前挑战与未来展望。

考虑采用城墙式设计替代储水瓶，这样不仅能增加土壤覆盖面积，还能提升整体美观度，并有效防止土壤堵塞空洞。计划在花盆底部加装由舵机驱动的轮胎和温湿度传感器，实现智能控制；当储水量不足时，花盆能够自动移动到有雨水的地方进行收集，并通过物联网提醒用户；在花盆顶部加入类似遮阳网的设计，结合温湿度传感器，精准调节水分蒸发量。

三、汇报PPT的制作

PPT大纲形式如下。

（1）开篇：设计由来与思路。

遇到的问题

- 园艺实践中经常出现的过度浇水与浇水不足问题。
- 缺水或水分过多导致的植物生长问题。

现有解决方法及其局限性

- 定时浇水器：缺乏灵活性，无法根据土壤湿度实时调整。
- 湿度感应浇水器：可能因感应不准确而发生误操作。

我们的设计目标

- 打造一款能够自动调节水分、满足多种植物生长需求的智能花盆。
- 弥补现有产品在灵活性和准确度上的不足。

设计思路

- 结合压强原理和自动调节机制。
- 引入温湿度传感器和智能报警系统。
- 考虑水体过滤功能的整合。

（2）主体部分：花盆的结构与功能。

结构组成

- 塑料水瓶：作为储水器，容量可调。
- 出水口控制工具：精确控制水的流速和流量。
- 温湿度传感器：实时监测土壤湿度和环境温湿度。
- 蜂鸣器报警系统：当有人靠近且土壤湿度过低时报警。

功能特点

- 自动调节水分功能：根据土壤湿度自动补充水分。
- 水培过滤功能：支持细沙培养和水培环境的过渡。
- 实验功能：帮助用户找到最适合植物的生长条件。

设计亮点

- 灵活性强：满足不同植物对环境的需求。

- 准确度高：通过传感器实时监测，减小误差。
- 友好：操作简单，清洁方便。

（3）制作过程与迭代。

设计软件的运用
- 使用3D One软件进行三维建模和结构设计。
- 使用仿真软件进行功能测试和优化。

制作过程
- 材料选择：环保耐用的材料。
- 加工工艺：精密加工，确保质量。

迭代过程
- 根据用户反馈和测试结果进行多次改善。
- 提高传感器灵敏度和自动调节功能的准确度。
- 优化出水口控制工具的设计。

（4）结尾：花盆的应用场景。

家庭阳台
- 提供理想的植物生长环境。
- 增添家居绿色元素和生机。

办公室
- 带来自然气息，缓解工作压力。
- 提高工作效率和员工满意度。

植物园等大型场所
- 提高浇水效率和准确度。
- 降低人工成本和维护难度。

（5）总结。

智能省心实验花盆通过创新的设计思路和结构功能，解决了养育植物过程中的常见问题，并满足了不同植物对环境的需求。通过设计与制作过程的精细规划，以及不断迭代、优化，该作品在不同应用场景中展现出了卓越的性能。

扫码看视频

随着技术的发展，有很多人工智能大模型可以为我们提供服务，讯飞星火大模型便是其中之一。尝试利用星火大模型辅助制作汇报PPT，可以扫描上方二维码学习相关用法。

四、展示视频的拍摄

视频脚本

［开场白］

旁白：我国古代劳动人民的智慧结晶令人叹为观止。今天，我们将为您展示一款灵感来源于这份古老智慧的现代创新作品——智能省心实验花盆。

［背景介绍］

旁白：为了解决现代生活中园艺养护的诸多问题，如过度浇水、植物缺水等，我们学生团队致力于开发一款能够自动调节水分、简化植物养护的智能花盆。

［材料选择］

旁白：在材料选择上，我们秉持可持续发展的理念，选用了环保的PLA材料。这种生物降解材料不仅对环境友好，还确保了花盆的耐用性和稳定性。

［设计过程］

旁白：在设计过程中，我们历经了方案设计、原理验证、造型设计、结构分析等关键步骤。通过三维建模，我们不断优化设计细节，确保花盆既美观又实用。

［电子元器件介绍］

旁白：在智能花盆的核心部分，我们集成了温湿度传感器、控制模块等电子元器件。这些高精度组件能够实时监测土壤湿度和环境温湿度，并根据数据自动调节水分供应。

［制作过程］

旁白：模型导出后，我们利用三维打印技术将设计转化为现实。经过精细的打印、加工过程，花盆的各个部件完美拼接，展现出独特的设计魅力。

［程序编写与整合］

旁白：控制程序的编写及程序整合是实现智能功能的关键。我们精心编写了控制算法，确保花盆能够根据植物的需求自动调节水分，还集成了蜂鸣器报警系统，提醒用户及时补充水源。

［功能测试与参数调试］

旁白：在功能测试和参数调试阶段，对智能花盆进行了严格的实验验证。通过不断调整控制参数和优化算法，我们确保了花盆在各种环境下都能稳定运行。

［结尾］

旁白：经过精心打磨和完善，我们成功制作出了这款智能省心实验花盆。它不仅是对古老智慧的现代诠释，更是对绿色生活的有力倡导。希望它能为您的园艺生活带来便捷和乐趣。

拓展/实践

根据前面介绍的内容，结合自己的想法，重新为智能省心实验花盆写一篇介绍文稿，制作汇报PPT在班级里进行作品展示和汇报，拍摄作品展示视频进行分享交流。

第5章 导盲腰包

案例概述

该案例基于2020年重庆市信息素养提升实践活动创客项目选拔赛初中组一等奖作品，根据2022年全国师生信息素养提升实践活动创意智造赛项任务书和本书编写内容要求，对原作品进行了适当修改，修改后作品全貌如图5-1所示。

图 5-1

功能简介

本作品用于帮助盲人出行，作者针对盲人日常出行中遇到的盲道可能有障碍物、导盲犬成本高无法普及、现有的导盲设备不够便利、智能导盲设备昂贵等问题，设计了这款导盲腰包，它能帮助盲人识别、分析障碍物，并及时进行语音提醒，为盲人的出行提供很好的帮助，是一款既经济又智能的盲人导航装置。

项目实施总览如图5-2所示。

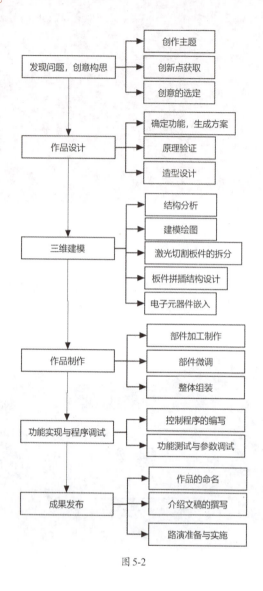

图 5-2

5.1 发现问题,创意构思

一、创作主题

我身边的智能生活(2022年全国师生信息素养提升实践活动创意智造赛项任务书内容)

结合自己生活中的所看、所想,发挥创意,设计与制作表达对生活的想法或解决问题的创意智造实物作品。所选场景不限,可以是家、学校、社区或农耕基地等,作品选题要指向具体功能,设计与制作要细致,考虑科学性、现实性和可行性,突出创新,突出与常见物品相比有明显改进的设计,避免与常见作品雷同。

【思考】如果是你参加这个比赛，拿到了这个任务书，你有什么样的想法？和同学交流一下你们可以提出怎样的设想。

二、创新点获取

面临问题

要完成比赛，首先需要根据创作主题寻找合适的创意。现在你可以花点时间思考一下，看看能不能找出贴合主题的创意。怎么样？是不是感觉自己的思路很难打开，很难找到好的创意？在比赛中，要如何快速找到创意呢？

实施方法

可以采用发散思维列写思维导图的方式寻找创意。首先围绕创作主题联想多个关键词；再根据每个关键词联想多个新的关键词，以此来绘制思维导图；最后对每个关键词展开分析与想象，从中找出创意。

项目样例

例 导盲腰包的创意获取过程。

创作主题要求把智能技术引入生活中，因此可从"身边的生活"开始，对不同群体的人进行联想，可以获得由三级关键词组成的思维导图，如图5-3所示。

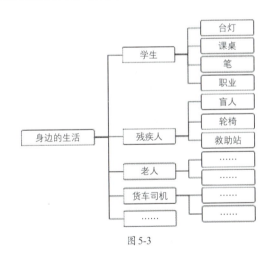

图 5-3

提示：关键词若为同类事物，将难以发散思维，因此关键词间的联系不能太紧密。

拓展/实践

仿照前面的思维导图格式，以"我身边的生活"为中心词，利用发散思维绘制一个有三级关键词的思维导图,并利用它们寻找创意。要求:关键词总数不少于15个,获得的创意不少于5个。

小组交流,讨论一下各自的创意,挑选几个在班级中分享。

对照任务需求,利用不同的创造方法,找出每个关键词对应的创意,填入表5-1。

表 5-1

关键词	创造方法	创意
台灯	组合创造法	各种结构、形态各异的组合台灯;各类通过传感器控制灯光变化、舒适的智能台灯;多功能台灯,可监控坐姿、防止近视、提醒时间等
课桌	改进创造法	自动升降、桌面显示等
笔	主体附加法	带照明功能的笔
职业	联想创造法	根据职业为人们推荐合适的服装,检测、评判人们适合的职业等
盲人	改进创造法	替代盲杖、导盲犬的智能设备
轮椅	组合创造法	多功能智能轮椅
……	……	……

三、创意的选定

获得的创意是否有价值?目前是否有足够的能力实现?是否贴合创作主题?为此需要逐个分析、判断,剔除无用的创意。评估作品的新颖性、实用性、科学性和可行性,综合分析以后,对创意进行初步筛选,填入表5-2。

表 5-2

创意	分析	处理方式
多种台灯结构,智能控制,可监控坐姿、提醒时间	功能实用,实现难度不大	保留
自动升降、桌面显示等	升降功能无新意、桌面显示实现难度大	舍弃
带照明功能的笔	功能单一,不符合比赛要求	舍弃
检测人们适合从事什么职业的智能机器人	实现难度大,超出能力范围	搁置
替代盲杖、导盲犬的智能设备	功能实用,难度适中	保留
多功能智能轮椅	功能实用,难度适中	保留

拓展 / 实践

对自己想到的创意进行分析,并写出处理方式,填入表5-3。

表 5-3

创意	分析	处理方式

组内分享，思维碰撞：以小组为单位，在小组内互相介绍获取的创意，通过组内讨论对创意进行优化。在这个过程中做好分工：选定发言人1人、协作答辩人1~2人，其他成员记录讨论结果。

班级展示，交流探讨：接下来集合全班同学的智慧，依次对各个小组精选的创意进行讨论，如图5-4所示。

图 5-4

首先由小组发言人介绍小组选定的创意，其他同学思考、记录，并且拟定要提出的问题（可以是疑问，也可以是质疑等）。然后大家自由发言，小组发言人和协作答辩人进行回应。记录员记录该过程中的要点。

使用各种创造方法，组合、优化，选定创意，确定功能。

最后结合交流过程的记录，重新讨论创意，选定最终的方案。结合实际情况，进一步明确作品的主要功能，并列举出来。

例 导盲腰包功能列表（见表5-4）。

表5-4

需求分析	作品功能	备注
盲人出行需要避障	障碍物警示功能	
盲人很难寻回导盲工具	语音应答寻回功能	
导盲腰包在使用中有可能被盗或掉落	防盗防掉功能	
盲人出行时，需要人们关爱和避让	警示灯光功能	
物件收纳	常规腰包功能	

拓展 / 实践

选择一个自己想要进一步探究的创意，将需求分析和作品功能填入表5-5。

表 5-5

需求分析	作品功能	备注

使用星火大模型可以获取很多创意,即使该模型生成的创意无法直接使用,也可以提供参考价值或激发灵感。扫描右侧的二维码可以学习相关用法。

5.2 作品设计

将一个复杂问题逐步分解成多个简单问题,是解决各类问题的通用方法,进行作品设计也不例外。首先对作品的功能进行拆解,明确每项功能的需求;然后选择合适的电子元器件实现每项功能,并进行原理验证;最后构思外观、绘制草图,让作品实用、美观。

5.2.1 确定功能,生成方案

面临问题

确定了功能后,需要怎么去设计和实现它们呢?这些功能之间的逻辑关系如何把握?实现这些功能的各类模块该如何选择和连接?怎样让它们协同工作?要做出创新作品,就需要生成能实现所有功能的解决方案。

实施方法

复杂问题拆解分析:制定解决方案的过程中会涉及技术、工程、工艺等多方面的问题,对照作品的功能设想,将问题逐步拆解为若干个简单明了的小问题,然后为每个小问题找到最优解决方案。

功能框图绘制:为了厘清作品功能的逻辑结构,更好地设计出作品实现方案,可以根据问题拆解情况绘制功能框图。

项目样例

例 导盲腰包各项创新功能拆解分析。

要实现避障功能,需要导盲腰包能感知盲人周围的障碍物,实现障碍物的检测。要提醒盲人避障,可以用语音播报模块来实现。将导盲腰包取下以后盲人很难再次找到它,可以给它添加语音应答功能。要实现应答,需要能识别主人的指令,这就要用到语音识别模块;

要能应答，就需要能发出语音信号，这部分功能可跟避障提醒共同实现。要防盗和防掉落，需要检测掉落或被盗情况，为此检测导盲腰包是否离开主人就可以了，还需要在出现这两种情况时发出警示，可用语音提醒功能实现。在人群中，可使用颜色绚丽并且不停闪烁的灯光引起人们的注意，让人们关注到盲人并及时避让。可以借鉴常规腰包的设计，让导盲腰包具备收纳功能，并设计出佩戴舒适的腰包结构。

根据以上分析，可以整理出图5-5所示的功能框图。

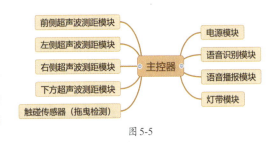

图 5-5

根据功能框图，选择合适的传感器和执行器，选定主控板作为主控器，然后根据数据接口参数规划好主控板的输入输出端口，完成作品的电子硬件设计，如表5-6所示。

表 5-6

元器件名称	作用	信号类别	端口号
超声波测距模块	检测不同方向上的障碍物距离，以此触发警示语音	数字输出/输入	4、5、6、7、8、9、10、11
触碰传感器	检测腰包是否离开	数字输入	12
语音识别模块	实现语音识别	I²C	I²C
语音播报模块	实现语音提醒	软串口	2、3

5.2.2 原理验证

面临问题

虽然为作品各项功能的实现都找到了对应的技术方法，但是选用的传感器、执行器是否真的能实现最初设定的目标呢？

实施方法

先按规划的端口号将相应模块与主控板连接好，并且编写出最基础的程序，验证一下技术方案。如果效果能够达到预期，就可以开始制作了，否则需要调整和优化设计。

提示：进行功能验证时，由于采用临时接线，容易出现接触不良情况，为了简化问题，可以根据拆解后的问题，逐一验证对应解决方案。同一种传感器或执行器使用多个则只验证一个即可。

项目样例

例 导盲腰包的功能验证。

根据导盲腰包的实际工作情况，录制"主人，我在这里！""注意脚下安全！""前方有障碍！""左边有障碍！""右边有障碍！""请勿拖曳腰包！"共6条提醒语音，保存为文件名分别为0001~0006的MP3文件。将准备好的语音文件存入模块，语音提醒内容就设置好了。

按照硬件设计，将语音识别模块、语音播报模块、超声波测距传感器和触碰传感器连接到主控板上的对应端口，如图5-6所示。

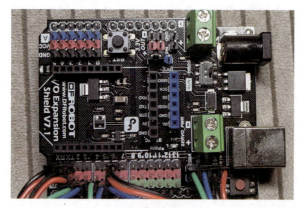

图 5-6

打开Mind+编程软件，单击【扩展】按钮，根据设计方案依次选择Arduino UNO主控板、超声波测距传感器、语音识别模块、串口MP3模块，如图5-7~图5-10所示。触碰传感器为数字传感器，编程时直接读取端口数据即可，因此无须在软件中添加模块。

图 5-7　　　　　　　　　　　　　图 5-8

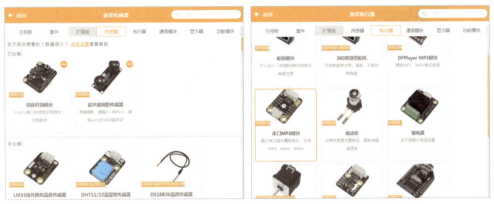

图 5-9 　　　　　　　　　　　　　图 5-10

返回程序编辑界面，分别编写图 5-11 所示的语音识别验证程序、图 5-12 所示的避障和防拖曳功能验证程序，验证功能实现情况。

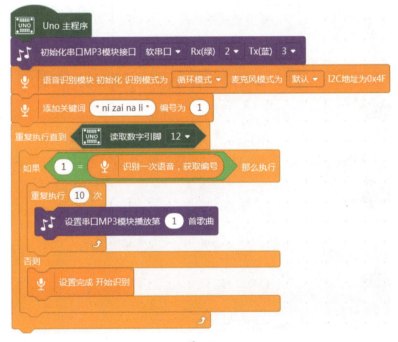

图 5-11

该方案本身并不复杂，若对相关的设计非常熟悉，可以先不验证，直接开始制作，等作品组装完后再进行测试、验证。

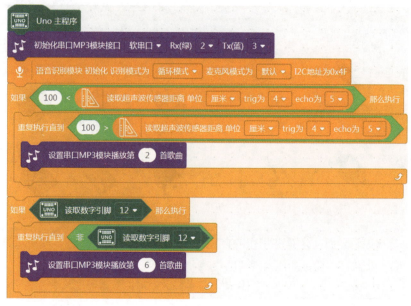

图 5-12

5.2.3 造型设计

? 面临问题

完成功能验证后，如果最初的设计思路没有问题，就可以开始作品的具体制作了。可是作品最终长什么样呢？如何保障最后做出来的作品美观、实用？这需要提前做好造型设计。

实施方法

为了更加准确地把握作品的结构，设计出美观、合理的造型和合理布局零部件至关重要，可以先绘制草图，让自己或者参与合作的小组人员更加直观地了解它。

项目样例

例 根据导盲腰包设计思路绘制草图（见图5-13）。

提示：草图的绘制内容不限，但通常都会包括整体造型和功能描述，必要时还可以对一些特殊的结构进行单独绘制，进行比较详细的分析和展示。如果有需要，还可以在图纸中写上要求或设计意图等相关文字，图文并茂地展示设计思路。

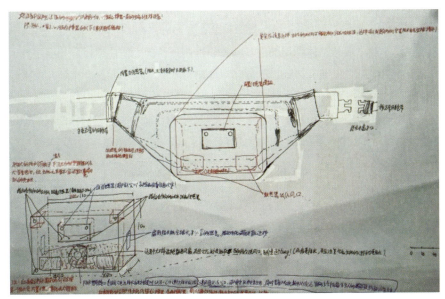

图 5-13

拓展 / 实践

为了有更加健康的坐姿,请设计一个坐姿提醒器,当坐姿歪斜时该提醒器可以报警,画出它的功能框图和设计草图。

参考方案:(1)利用水平传感器检测坐姿;(2)利用多个超声波传感器从不同方向进行测距,由此判断坐姿是否歪斜。

5.3 三维建模

利用激光切割加工的作品要怎样建模呢?下面以导盲腰包激光切割建模为例进行介绍。

首先分析导盲腰包的结构组成,将它拆分成多个简单的部分;然后在建模软件里像搭积木一样将各部分一点点搭起来,形成完整的模型;其次将模型拆解成平面板件结构;最后绘制元器件安装孔,方便后面相应元器件的组装。最后,还要设计巧妙的拼插结构,让板件最终能牢牢固定。

5.3.1 结构分析

面临问题

进行三维建模时,同样的结构可以有多种建模方法,但是不同方法的操作难度、工程量会有较大差异,该如何根据作品的结构特点选择合适的建模方法呢?

实施方法

三维建模一般采取从总体到局部的步骤，先绘制产品的大体造型或最外层主体，再逐步增加或去除结构以做出细节部分，最后在对应的位置嵌入电子元器件模型，或者绘制元器件安装孔。

规划建模顺序时，一般遵循从外到内、从大到小、从下到上、从中间到四周的原则。可以根据设计草图对作品进行结构拆分，根据拆分结果确定建模思路和具体的建模步骤。

项目样例

例 导盲腰包造型结构分析。

导盲腰包结构近似一个长方体，前方的左右两侧有倾斜切面，前方中间部分的下端有一个向下倾斜的切面。可以先绘制长方体，然后逐步利用实体分割或布尔运算去除多余部分；也可以选择最能反映造型特征的视图方向，绘制相应的视图轮廓，通过拉伸做出大体造型，然后再通过布尔运算进行细节处理。

导盲腰包主体为壳状结构，它的造型比较简单，内部多为平板结构，非常适合利用激光切割进行制作，所以使用3D One Cut软件绘制三维模型，然后进行激光切割的相关处理。最后将激光切割出来的小板件组装起来。

知识清单

如果对3D One Cut软件的用法不够熟悉，需要先返回知识储备篇学习配套视频教程，再学习建模方法和进行建模操作。

拓展/实践

根据自己的设计思路，完成创客作品的制作加工规划，选定建模软件，根据软件建模要求对造型进行结构分析。

5.3.2 建模绘图

面临问题

掌握3D One Cut软件的建模知识后，用它建模的基本思路是绘制草图后进行特征造型，即利用草图绘制造型轮廓，再拉伸或旋转板件获得立体造型。如何才能快速绘制轮廓草图？绘制过程中如何保证绘制的尺寸精准？如何精确定位造型的相对位置？

实施方法

在绘制图形时，通常以中线、底线等特殊线条为基准绘制线条，然后以线条交点来确定造型特征点。利用【草图编辑】→【偏移曲线】命令可以快速获得间距确定的平行线条，以此精准定位线条。当然图形绘制并没有固定模式，大家可以自行探索。

绘制好轮廓后，利用【特征造型】→【板材拉伸】命令可以获得大体的立体造型，然后根据结构拆分情况进行分割、删除，获得立体造型的某些细节，不断重复这样的操作，直到作品模型细节全部做好。

项目样例

例 导盲腰包三维模型设计。

1. 选择【草图绘制】→【矩形】命令，单击【中心】按钮，以水平草绘平面原点为中心点，绘制长170mm、宽80mm的矩形，如图5-14所示。

2. 选择【草图绘制】→【直线】命令，在矩形中绘制互相垂直的中线，如图5-15所示。

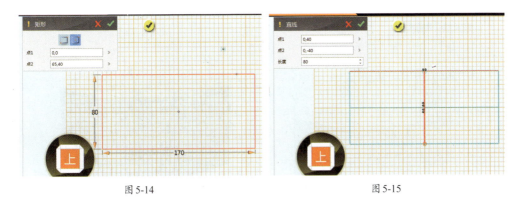

图5-14　　　　　　　　　　　　　　图5-15

3. 选择【草图编辑】→【偏移曲线】命令，将竖直中线向两个方向偏移40mm，如图5-16所示；选择【草图绘制】→【直线】命令，绘制两条斜线，如图5-17所示。

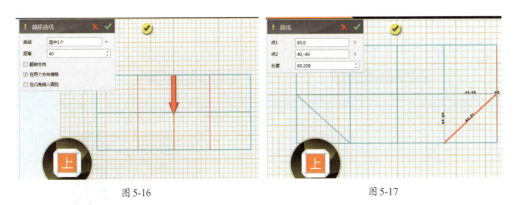

图5-16　　　　　　　　　　　　　　图5-17

4. 选择【草图编辑】→【单击修剪】命令，剪掉图形中不需要的线条，如图5-18所示，完成轮廓草图的绘制，如图5-19所示。

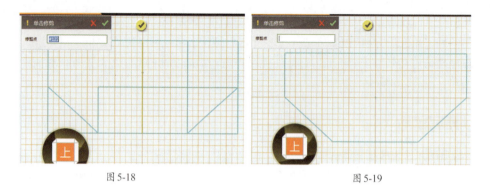

图 5-18　　　　　　　　　　　图 5-19

5. 选择【特征造型】→【板材拉伸】命令，将轮廓草图向上拉伸 100mm，获得腰包总体造型，如图 5-20 所示。

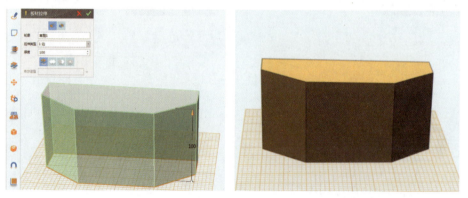

图 5-20

6. 以侧面为草绘平面，以侧面前端下方顶点为起点，绘制一条倾斜直线段。选择【基本编辑】→【实体分割】命令，利用绘制的斜线对腰包主体进行分割，绘制腰包前方倾斜部分，如图 5-21 所示。

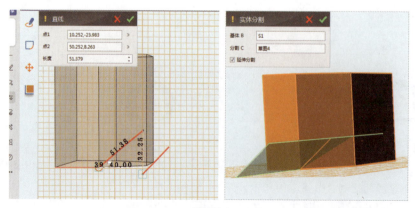

图 5-21

7. 选择【草图绘制】→【参考几何体】命令，以前面为草绘平面，绘制前面竖直边的参考草图，利用该草图对腰包下方的倾斜部分进行实体分割，如图5-22所示。

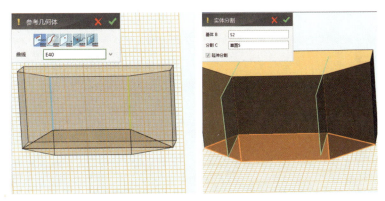

图 5-22

8. 删除腰包前面倾斜部分，然后使用【组合编辑】命令将剩下的部分组合成一个整体，最后使用【特征造型】→【抽壳】命令对造型进行抽壳，抽壳厚度设置为板材厚度，完成腰包三维模型的设计，如图5-23所示。

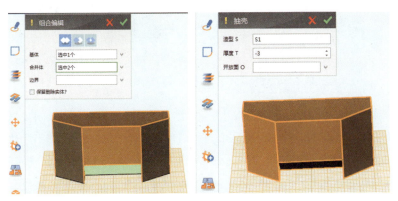

图 5-23

5.3.3 激光切割板件的拆分

面临问题

目前的腰包造型是跟板材厚度一致的壳状结构，这个壳体是一个整体，如何拆解呢？为了确保加工后的板件连接紧凑、误差小，需要设计合理的板件拆解方式。

实施方法

激光切割一般用来加工平面板材，为此需要把立体造型切割成片状板件，并投影在一个平面板材上；如果造型全部由板件合围而成，则只要沿着造型的边线进行分割，就可以拆解出各个板件。板件垂直相交时，可以利用板件的面或者绘制直线段进行实体分割完成拆解；如果板件倾斜相交，可以使用【切口】命令将倾斜相交的板件分割成与板件表面垂直的断面。

项目样例

例 导盲腰包板件的拆分。

1. 如图5-24所示，选择【草图绘制】→【参考几何体】命令，在腰包前面绘制顶板的下沿和底板的上沿位置的直线段；选择【基本编辑】→【实体分割】命令，【基体B】选择腰包造型，【分割C】选择刚刚绘制的两条直线段，分割完成后就实现了顶板、底板的拆分。

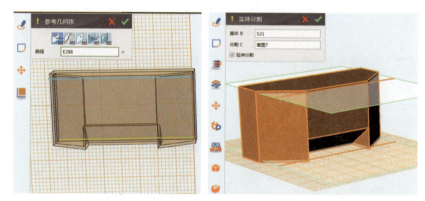

图 5-24

2. 如图5-25所示，选择【特征造型】→【切口】命令，将侧板切开。前方倾斜部分结构复杂，无法利用【切口】命令进行拆分，需要利用【实体分割】命令来进行处理。在底部菜单栏中选择【显示/隐藏】→【隐藏几何体】命令，【实体】选择顶板，将其隐藏起来，然后选择合适的实体分割方法，将倾斜部分分离成平板构件。

图 5-25

3. 如图5-26所示，选择【基本编辑】→【实体分割】命令，【基体B】选择腰包前方侧板整体，【分割C】选择前方倾斜部分的侧板，分割后再使用【切口】命令将腰包正前方的侧板和倾斜底板切开。

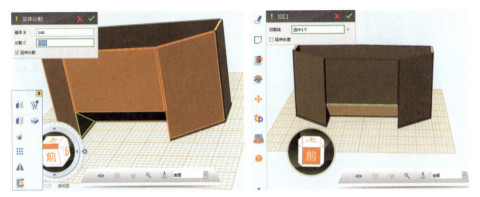

图5-26

4. 如图5-27所示，使用【实体分割】命令对前方侧板进行处理，这里需要利用面进行切割，因此要在过滤器下拉列表里选择【曲面】。

5. 如图5-28所示，用【实体分割】命令和【切口】命令对底板和前方倾斜底板进行分割。

图5-27

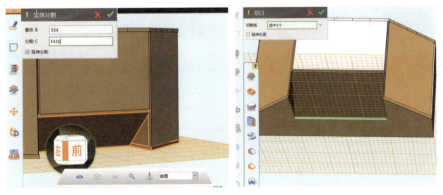

图5-28

6. 检查板件交接位置，确保所有板件均已被切割开，然后对板件进行细节处理，保证板件上的切割面是垂直的，如图5-29所示。

图5-29

7. 切割完成后，发现底板也被分成了3块，需要将它们组合在一起。如图5-30所示，选择【组合编辑】命令，【基体】选择其中一块，【合并体】选择另外两块，完成合并。

8. 隐藏前方左右两边的倾斜侧板，可以发现前方中部的两块三角形侧板的切割面并不垂直。如图5-31所示，选择【特征造型】→【板材拉伸】命令，对侧面进行拉伸，获得一个新的三角形侧板后，将原来不合要求的侧板删除。

图5-30

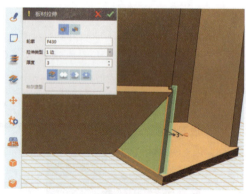

图5-31

提示：拆解板件时，采用不同的方法，甚至改变拆解顺序，得到的结果都可能有所不同，因此在操作中如果时间允许，可以多思考、多尝试，找到一个最佳方案。如果由于操作方法不同，最后的板件模型有较小的差异，可能导致模型无法完成后续的操作，遇到这种情况，可以利用本书配套数字资源中正确的模型文件来完成后续的操作。

5.3.4 板件拼插结构设计

面临问题

为了方便加工后组装板件，并使板件连接处更加牢固，保证组装后的作品更稳固，通常需要在板件连接部位设置类似榫卯的拼插结构，要如何快速、准确地设计板件之间的拼插结构呢？

实施方法

根据造型的特点，3D One Cut软件提供了【添加槽】和【平板拼插】等命令，可用于快速完成板件拼插结构的设计。其中【添加槽】命令可以用于板件连接处有切口的情况，【平板拼插】命令可以用于没有切口的垂直相交板件之间。

知识清单

如果不熟悉3D One Cut软件的【添加槽】和【平板拼插】命令的使用，可以先返回知识储备篇学习配套视频教程，然后再进行建模实践。

项目样例

例 导盲腰包板件的拼插结构设计。

在顶板、底板和侧板之间设计拼插结构，以此使导盲腰包稳固；在竖直方向上，在后侧板与左右侧板间设计拼插结构。

1. 一块板件盖住另一块板件时，如图5-32（a）所示，可以使用【平板拼插】命令一次性制作出拼插结构；两个板件连接处有切口时，如图5-32（b）所示，需要在两个板件切口处分别利用【添加槽】命令添加位置互补的槽来制作拼插结构。

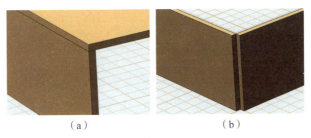

（a） （b）
图 5-32

2. 如图5-33所示，选择【特征造型】→【平板拼插】命令，单击【预制槽】按钮，【凸槽实体】选择侧板，【凹槽实体】选择顶板，根据侧板宽度调整【槽数量】，完成侧板与顶板拼插结构的制作。

图 5-33

3. 如图 5-34 所示,再次选择【平板拼插】命令,完成底板与侧板拼插结构的制作。采用【添加槽】命令,为所有垂直相邻的板件都设置好互补的拼插凸槽和凹槽,就完成了拼插结构的设计。

图 5-34

5.3.5 电子元器件嵌入

面临问题

在组装作品时,需要将用到的电子元器件固定在作品外壳上,如何事先在板件上给它们设计好尺寸吻合的固定孔,并且在激光切割加工时一并加工处理呢?

实施方法

3D One Cut 软件里内置了常见开源硬件模块,可以将它们直接嵌入三维模型,软件会根据电子元器件的尺寸为板件设置好对应的固定孔。如果无法在内置库里面找到电子元器件,则只能自行测量电子元器件的尺寸,并预留相关孔洞的尺寸和位置,进行手动开孔。

提示:在进行电子元器件的嵌入操作时,一般先嵌入对位置有特殊要求的、放置在内部的电子元器件,再嵌入外部电子元器件;先嵌入大电子元器件再嵌入小电子元器件。另外,需要尽量把电子元器件置入作品内部(有特殊要求时除外),操作时可以先隐藏部分暂时不用的板件来避免遮挡和干扰。

第5章 导盲腰包

> 📖 项目样例

例 导盲腰包电子元器件的嵌入。

1. 如图5-35所示,选择底部DA工具条中的【隐藏】命令,【实体】选择导盲腰包的顶板,将顶板隐藏,方便在腰包内部嵌入电子元器件。

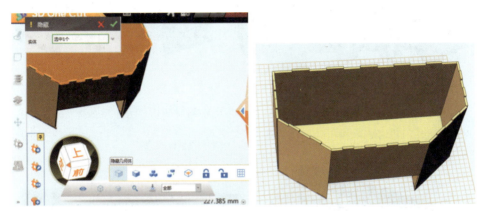

图 5-35

2. 由于导盲腰包4个超声波传感器位置相对固定,需要先进行嵌入。如图5-36所示,选择【电子件】→【添加电子件】命令,在出现的对话框里找到并选择电子元器件的供应商、系列和类型,然后利用鼠标选取电子元器件嵌入位置,根据电子元器件预显示的效果调节移动手柄,对位置和摆放方向进行微调,即可完成电子元器件的嵌入。

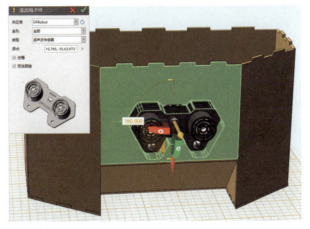

图 5-36

3. 板件上会自动产生跟电子元器件实物一致的固定孔,用同样的方法将其他超声波传感器逐一嵌入对应的位置,如图5-37所示。

85

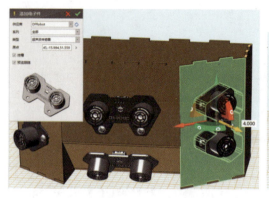

图 5-37

4.如图5-38所示,用相同的方法逐一选择导盲腰包所使用的电子元器件,遵循由大到小的顺序,逐一将其嵌入模型的合适位置。

图 5-38

5.如图5-39所示,选择底部DA工具栏中的【显示】命令,【实体】选择被隐藏的腰包顶板,将它显示出来,并在其中嵌入发声元器件。至此,导盲腰包电子元器件的嵌入操作完成。

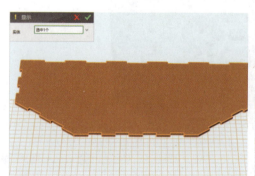

图 5-39

详细的建模过程可扫描右侧二维码，观看对应的视频教程。

扫码看视频

提示：在确定电子元器件放置位置时，需要防止不同电子元器件空间重叠，还需要为电子元器件的连接线留出足够空间，避免出现电子元器件固定后连接线放置不下的问题。

5.4 作品制作

利用激光切割加工部件之前，需要了解它的加工形式和工艺特点，然后结合作品结构以及部件形状进行相关工程文件的准备。另外，部件的加工制作、微调、整体组装等都是非常重要的环节。任何环节出现失误，都可能导致作品制作失败。认真、细致地完成各环节的工作，才能确保作品的品质。接下来，将详细介绍各环节的具体步骤和操作要点。

5.4.1 部件加工制作

 面临问题

激光切割是沿着轮廓线从整块平面板材中裁取部件。如何将立体模型所有部件的轮廓集中在一个平面里形成切割图形呢？如何根据切割图形生成激光切割机可以识别的通用加工图纸文件呢？

 实施方法

3D One Cut软件中的【投影】命令可以利用立体图形将所有部件的轮廓投影到平面里，并进行排版形成切割图形。操作时，只需设置板材尺寸和一些加工参数，就可以快速获得切割图形。最后通过切割图形生成加工图纸文件就可以切割加工了。

 项目样例

 导盲腰包加工图纸的生成与导入。

1. 准备板件结构。打开3D One Cut软件，如图5-40所示，隐藏或者删除电子元器件（包括固定螺丝），只留下板件结构。

2. 全局参数设置。如图5-41所示，在菜单栏中选择【全局属性】命令，在弹出的【全局属性】对话框中输入相应的参数。

其中【长度】和【宽度】表示板材尺寸，【切片间距】表示线条排布时的不同部件图案的最小间距，【厚度】表示板材的厚度。切割时激光烧蚀线有一定的宽度，为了减小误差，需要提前进行补偿。激光烧蚀线的宽度不尽相同，可以先验证获得最佳参数后再进行设置。

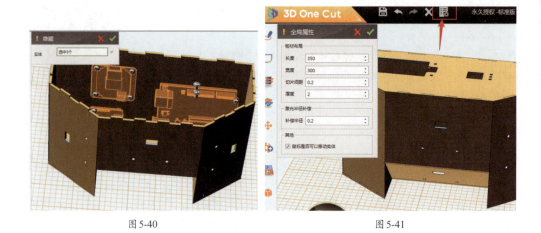

图 5-40　　　　　　　　　　　　　　图 5-41

3. 生成轮廓加工图纸。如图5-42所示，选择【投影】→【投影】命令，【实体】选择所有板件，如果担心加工后弄混板件，可以勾选【生成文字】复选框，为每个板件标记编号，这样加工时会给每个板件写上编号，以便识别。

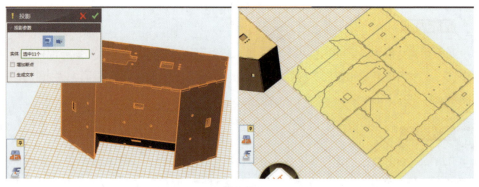

图 5-42

4. 导出加工图纸。软件自动排版可能会有浪费材料的情况，可以利用【基本编辑】→【移动】命令对轮廓图形进行调整。如图5-43所示，选择菜单栏中的【另存为】命令，输入文件名称，选择文件保存路径，然后选择文件类型为DXF格式，就可以导出激光加工工程图纸，将其复制到控制激光切割机的计算机上即可进行加工。

图 5-43

知识清单

不同厂家、不同型号的激光切割机，配套软件、操作方法会有差异，但大体相同。如果不熟悉激光切割机的使用，可以先找到所用设备的配套资料进行学习，再完成相关操作。如果导出的图纸有问题，无法完成后续的制作，可以在本书配套数字资源里找到相应的模型文件，利用它进行后续的操作。

5.4.2 部件微调

面临问题

看着自己设计的部件加工出来，一定成就感满满，迫不及待地想将它们组装起来，然而还不能操之过急。这时的部件一般都或多或少存在一些问题，有些是加工工艺问题，有些是设计方案的问题，如果盲目组装，常常会因为少数部件有问题而不得不返工，这会给作品质量和制作进度带来很大的影响。为此需要先验证和微调，以保证后续的制作顺利。在正式组装前，要如何对盒体板件进行试装验证，确保万无一失呢？

实施方法

试装验证：找出与一个部件相连的其他部件，逐一连接它们，观察部件的连接关系、拼插结构的松紧度、局部尺寸的吻合情况等，如果发现问题就需要找到相应的解决办法。若没有发现问题，则可以在板材的内侧做好骑缝标记，这样在正式组装时就更加方便。

部件微调：在试装过程中若发现部件有问题，需要做出相应的处理或微调。如果是设计错误，就需要修改设计图纸，然后重新加工有问题的部件。如果是加工误差造成部件偏大，组装不上，可以利用锉刀、砂纸、砂带机等工具进行修正；如果部件偏小造成组装后有缝隙，可以采取热熔胶填补等修补措施；如果仍然无法解决，则需要修正部件尺寸后重新加工。

激光切割工艺存在一定的局限性，部件加工的断面一般都是垂直于板材面的，如果相连的部件不是垂直关系，连接处就会出现衔接问题，如果不能接受连接处存在缝隙，就需要利用锉刀、砂带或者小刀等工具对连接处进行倾斜加工。在微调过程中，不断对部件进行试装验证，直到所有问题都完美解决。

项目样例

例 导盲腰包盒体板材片状板件的验证与微调。

1. 将加工好的板件按照连接关系排布并进行验证，如图5-44所示。

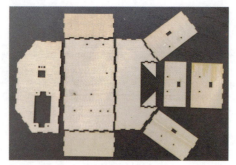

图 5-44

2. 在验证无误的相邻部件连接边上做好骑缝标记,如图 5-45~图 5-47 所示。

图 5-45

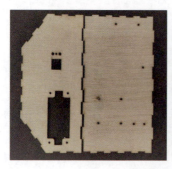 

图 5-46

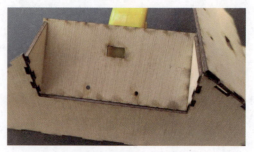

图 5-47

提示：切割后的片状板件形状相近，类似的板件尺寸差异不大（例如导盲腰包前面左右两块倾斜的侧板）。在验证中出现尺寸差异时，首先需要确认是否是板件错位造成的；另外，每块板件有正反两个方向，如果板件方向弄反也会造成误差。只有在排查这两种情况后，仍然有误差才需要处理板件，避免因为试拼接出错而使正常的板件报废。用切割后的片状板件拼插、搭建、组装盒体时，可以借助木材专用快干胶填涂接缝处进行黏合，也可以利用热熔胶在板材内部进行辅助固定。

5.4.3 整体组装

 实施方法

- 电子元器件固定和线路连接：一般情况下，设计作品的内部空间比较小，如果将它组装成型后再安装电子元器件，就会因为空间不够而带来很多麻烦。因此需要先将电子元器件固定好，连接并进行加固以后，再进行组装。装配的先后顺序也不是绝对的，如果作品的内部空间比较大，可以先拼插、组装外形结构箱体，再往内部安装、固定电子元器件。
- 部件固定：遵循从内到外、从下到上的顺序，在电子元器件固定和线路连接之后，逐步将部件固定，必要时可以利用热熔胶、垫板等加固。为了保证作品美观，尽量将加固材料藏在作品内部，还需要防止线路触碰引发短路故障。

项目样例

例 导盲腰包的整体组装（见图5-48和图5-49）。

图 5-48

图 5-49

提示：为了降低功能调试阶段线路查验的难度，进行线路连接时，需要采用一定的规则对线路进行归类分布，如果作品的线路比较复杂，还需要对它们进行必要的捆扎整理。电子元器件通常采用螺丝固定，在比赛现场，为了降低制作难度，可以采用热熔胶直接固定的方式。为了防止线路松脱带来故障，还可以在线路连接处利用热熔胶固定。

5.5 功能实现与程序调试

在"功能实现与程序调试"这一环节，将深入探讨如何逐步将设计理念转化为实际的功能。首先，需要关注"控制程序的编写"，这是整个功能实现的基础，通过精心编写的控制程序，可以确保设备或系统能够按照预期的方式运行。接下来，进入"功能测试与参数调试"阶段，这一阶段至关重要，通过严格的测试，验证功能的完整性和稳定性，才能确保作品在实际应用中能够发挥作用。

5.5.1 控制程序的编写

面临问题

进行功能验证时，是将作品的各项功能拆解成独立的问题后，进行单独的原理验证。要如何立足作品整体，对所有功能的实现进行统一的整合，让它们协同工作呢？

实施方法

程序整合：需要厘清各项功能之间的内在联系，分清问题的主次关系，统筹各个传感器信号的采集、各种情形的处理顺序和方法。由于案例的程序比较复杂，为了清楚程序的逻辑结构，可以先绘制程序流程图，确定程序的总体框架。

第5章 导盲腰包

📖 **项目样例**

例 导盲腰包程序流程图（见图5-50）。

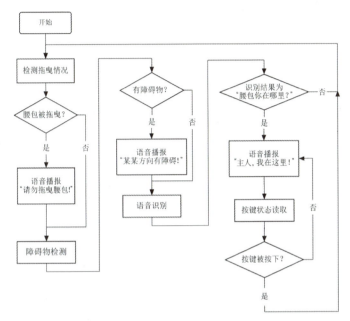

图 5-50

打开Mind+编程软件，在扩展界面选好主控板、传感器和执行器后返回，在模块栏依次选择对应的程序模块，搭建图5-51所示的程序，完成控制程序的编写。

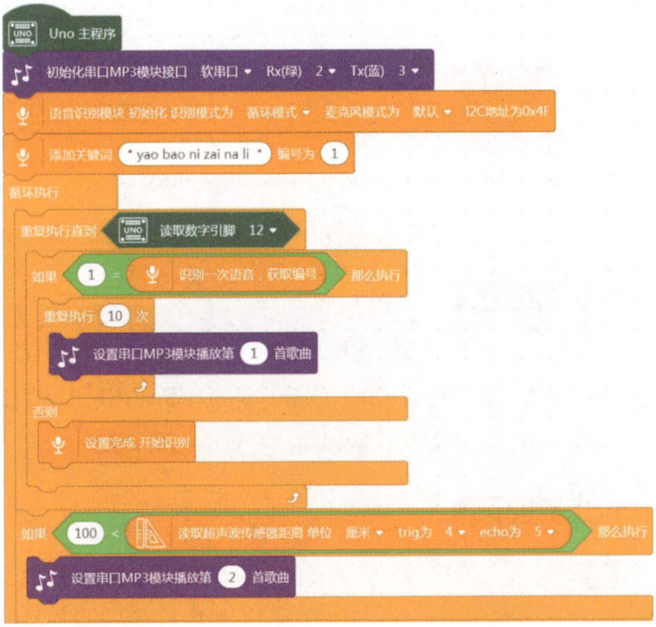

图 5-51

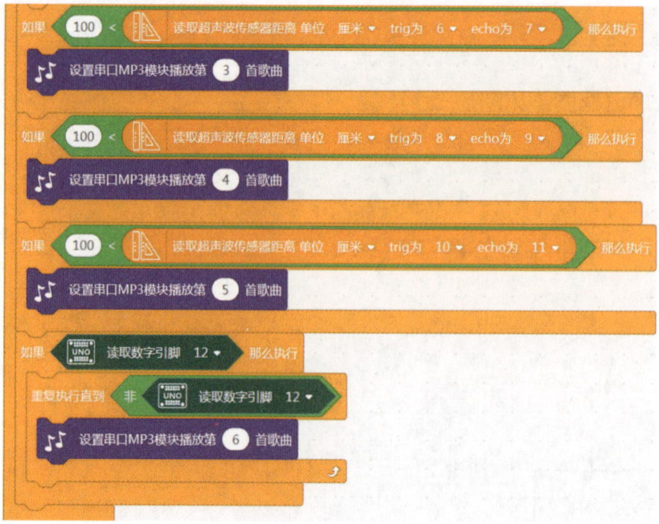

图 5-51（续）

提示：每一个程序处理模块响应的都是一个实际的事件，例如导盲腰包需要响应的事件包括有障碍物、有语音指令和被拖曳等，如果要程序处理过程更加合理，需要对这些事件进行优先级的设置，必要时还需要引入程序中断机制以防止重要事件被遗漏。

5.5.2 功能测试与参数调试

面临问题

经过前面的步骤，作品已经基本制作完成，如何让它开始正常工作、大显身手呢？一方面，需要对作品的功能进行全面的测试和验证；另一方面，需要在贴近实际的环境下，通过测试获得合适的控制程序参数值。

实施方法

如果能让作品在真实的使用环境里进行功能测试，结果最直接、效果最好。如果受条件限制无法到真实场景测试，需要尽量对作品使用过程中可能出现的情况做出充分的估计，然后模拟出相应的效果，确保功能测试的结果真实。

项目样例

例 导盲腰包佩戴效果测试及触发语音报警阈值的调试。

把导盲腰包佩戴在身体前面，然后模拟盲人出行的情景，依次测试腰包的功能。

第5章 导盲腰包

腰包寻回功能：大声呼喊"腰包你在哪里？"测试腰包是否能够应答，若应答，模拟盲人循声摸索找回腰包的过程，检测应答设置是否合理。测试发现重复10次播报的时间太短，因此将重复次数调整为15次，设置播放后等待2秒，满足拿回腰包时的真实要求，如图5-52所示。

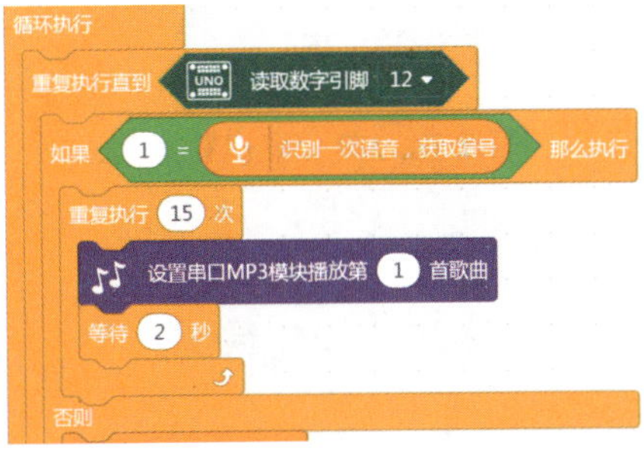

避障提醒功能：模拟盲人行走，然后分别在正前方、前方地面、左右侧设置障碍物，检验腰包能否正确检测障碍物并报警。测试发现任何一个方向1米内有障碍物时，腰包都能进行语音报警。同时在多个方向设置障碍物，发现腰包将依次播报各个方向的警告，难以分辨，因此修改程序，把每个方向的播报循环3次，让盲人听得更清楚，如图5-53所示。

图 5-52

图 5-53

在有人保护安全的前提下，让一个人蒙住眼，戴上导盲腰包模拟盲人出行，进行真实情景下的测试。测试发现，障碍物到盲人脚的距离为直角三角形的直角边，而腰包测得的距离为直角三角形的斜边，因此需要提高报警阈值，将它设置为2m再进行测试，效果就好多了。另外，还发现设定1m的报警距离阈值盲人来不及反应。本着宁愿出现少量误报也要保证安全的原则，将阈值调整为1.5m。

防拖曳测试：用手拖曳腰包，让触碰传感器离开身体，发现腰包能正确提醒。

5.6 成果发布

创客文化的两个突出特点分别是"创造""分享"。作品制作是"创造"的过程，接下来需要"分享"作品，一般包括作品命名、介绍文稿撰写、作品路演；而在创客比赛中，通常还需要拍摄作品介绍视频或者制作PPT进行现场汇报。通过各种途径对作品进行包装和推广，这个过程统称成果发布。

5.6.1 作品的命名

面临问题

作品的名称是评委和观众最先关注到的内容，因此给作品取一个好名字非常重要。如何为作品取一个好听、容易被人记住的名字呢？

实施方法

作品命名没有统一的标准和固定的格式，突显主题、响亮、简洁、特色鲜明、容易让人记住就是好的作品名，以下是几种常见的命名方法。

名称凸显功能特性，例如：姬松茸培育智能光控系统（2023年创意智造赛项全国一等奖），共享雨衣箱（2020年3D创意设计全国一等奖），智能生态马桶（2020年3D创意设计全国一等奖）。

揭示作品基本实现原理，例如：基于语音识别技术的智能家居。

凸显作品设计主体，通常采用主副标题的形式，例如：海洋卫士——漂浮垃圾收集装置，环保卫士——清天柱（2020年3D创意设计全国一等奖）。

别具一格吸引眼球，例如文艺风格名称：智享甘州风华（2023年创意智造赛项全国一等奖）。

项目样例

例 导盲腰包采用主副标题的形式命名。

第三只"眼"——导盲腰包，其中"第三只'眼'"凸显作品对于盲人的帮助，副标题"导盲腰包"展示作品的实际功能。

5.6.2 介绍文稿的撰写

面临问题

无论是创客马拉松比赛最后的作品路演，还是创客作品展评赛的作品答辩，或者日常创客作品的分享，撰写一份好的作品介绍文稿都非常重要。如何才能撰写出高质量的介绍文稿呢？

实施方法

介绍文稿的撰写可从以下几个方面着手。

创意要点的提炼与描述：可以遵循"人无我有，人有我新，人新我优"的模式展开。

"人无我有"：即作品具有其他作品没有的独特功能，该模式适用于具有很高的创新度、属于发明的作品。

"人有我新"：虽然现有物品具有和作品类似或相同的功能，但是作品采用了新的技术，带来了新的效果，该模式适用于使用创新改进法进行设计的作品。

"人新我优"：作品虽然没有引入新技术，但实现作品采用的方法带来了更优的效果（如降低成本、简化操作、降低能耗、减少污染等）。

实现过程的记录、筛选和概括：在比赛中，为了佐证作品制作过程的真实性，可以在文稿中记录作品设计和制作过程中的关键节点，如发现问题、解决问题的节点。另外还可以记录能够凸显作品特色的内容，比如某些独特的实现方法、特有的程序算法等。

当前存在的问题和迭代设想：将表述的重心放在迭代设想上，从而提升作品的层次。

提示：作品设计和制作过程中，常常面临很多限制，特别是现场制作、时间有限，作品有瑕疵在所难免；从竞赛的角度来说，介绍文稿主要在于表明虚心进步的态度，尽量弱化作品存在问题的描述，或者列举少量受客观因素制约带来的问题，比如传感器限制、主控板限制等。

项目样例

例 导盲腰包创新要点提炼。

第三只"眼"——导盲腰包这一项目通过多传感器融合技术与智能识别技术，将超声波测距避障、碰撞传感、拖曳监测、语音识别与语音播报、RGB灯带警示提醒等功能完美结合在一起，具有功能多样、技术智能、使用方便等特点，可以有效应对盲人出行所遇到的各种情况，能够很好地帮助盲人解决独自出行的难题。

相较于当前市面上常见的智能导盲装置，导盲腰包在功能与外形设计上进行了创新，并具有以下几个方面的优势。

（1）多样提示，智慧导盲。

利用多个超声波传感器组成避障模块来实现多角度全方位避障，并通过语音播报提醒前方有障碍物，方便盲人了解路况，语音交互让盲人能更方便地切换出行避障模式。另外，灯光提示功能可以吸引盲人周围的人群的注意，从而自觉礼貌让行，让盲人的出行更加安全。

（2）语音交互，人包合一。

借助智能语音交互技术，导盲腰包与盲人建立了新的交互方式，不仅能够通过语音调整出行模式，实现智能避障，还可以在找不到装置的情景下，通过语音控制寻回装置。智能语音识别与交互让盲人的出行更加舒适、安全、便捷。

（3）拖曳监测，防偷防掉。

拖曳监测模块监测到腰包被拖曳时不但可以发出警告，还可以对盲人与周围行人进行提醒，有效地防止导盲腰包被偷或意外掉落。拖曳监测技术也可以在紧急情况下应用，利用灯光变化、语音警告向周围行人求助，保障盲人的出行安全。

（4）腰包外形，方便易携。

本项目将导盲装置设计成腰包形式，不仅具有日常出行必要的储物收纳功能，可以存放手机等随身小件物品，还可以使盲人出行时更快更好地适应此导盲装置的存在。导盲腰包功能实用，可以极大地方便盲人的出行。

导盲腰包的后续改进方向。

今后改进的主要方向为与人工智能技术相结合，如加入摄像头图像识别等，更加快速、便捷地提醒盲人规避障碍，设计出更人性化与智能化的产品。

5.6.3 路演准备与实施

在参加创客比赛时，路演是非常重要的环节。它可以让评委老师充分了解作品的创作灵感和问题解决途径，以及作品的制作过程和更新迭代。在前期创客作品的准备过程中，创客可能会在作品问题解决、调试、迭代升级的过程中花费大量的时间，而忽视了路演工作的准备。要如何做好充足的准备，高质量地完成路演，让作品获得更高的认可呢？

路演展示期间需要展示团队创作过程的视频，讲解前需要结合相关原始素材（如讨论过程的视频、活动照片、创客笔记等）制作PPT。路演过程中，评委老师往往还会根据作品提出一些问题，例如作品电源是多少伏特、采用三维打印部件应用了哪些设计技巧、使用激光切割制作时需要注意哪些问题等。还有一部分赛事活动为了保证作品的原创性，要求提供查新报告等资料作为佐证，例如在中国科学技术协会组织的全国青少年科技创新大赛的路演活动中需要准备相应的三折页海报，让更多人全面了解作品的创意和实验应用情况以及深层的教育意义。

明确目标：首先需要明确路演的目标，结合所参加赛事的主题进行演示文案的准备。如果是以小组形式参加路演，还要明确成员的分工，如讲解员、作品操作演示员等。明确目标后分工合作、反复演练，路演前可以在辅导老师的指导下有针对性地准备演讲内容。

熟悉听众：了解并分析评委老师的背景和需求，以便根据他们的兴趣和需求准备内容。

路演PPT准备：用简洁明了的语言和图表来传达信息，避免使用过多的专业术语和技术细节；重点突出创新点、市场潜力和应用模式；抓住重点、避免内容堆砌，一般不超过10页。内容可涉及作品名称、创作背景、创新点、作品特色、所用技术、制作过程、后期设想等。

控制时间：尽量把PPT介绍的时间控制在合理范围内，避免过长。时间太长可能会让听众感到疲倦，一般来说讲解不超过5分钟为佳。

讲故事的技巧：以生动的故事来展示作品和技术的优势，让评委老师更容易关注和记住它们。

自信和热情：保持自信和热情，展示对项目的信心。回答问题时，在确保实事求是的前提下，尽可能扬长避短。回答尽量做到条理清晰、简洁明了。

提前演练：提前多次演练，确保时间控制、内容传递和问题回答都达到最佳状态。

准备充分：确保对参赛作品重点、难点的掌握，充分了解所使用的相关技术，对应用价值和后期技术迭代问题等都有深入的了解和研究。

回应质疑：对于评委的质疑和提出的相关问题，一定要认真聆听和思考，保持冷静并给出合理的回应。不要刻意回避或反驳质疑，而是用事实和数据表达自己的观点。

后续跟进：在路演结束后，及时向评委老师表示感谢，做到彬彬有礼，并针对他们的反馈进行改进，给予积极的回应和肯定。完成初评并成功晋级之后要及时同指导老师和本组成员进行总结，并结合评委老师提出的问题进行优化，认真分析并重新审核参赛作品和材料，为下一阶段的路演做好准备。

三折页海报：两侧30cm宽，折起时，中间的展板不超过62cm，展板高度不超过90cm。可以手绘设计也可以使用喷绘机喷绘。

另外，在路演之前要积极准备，熟悉作品特点，在路演过程中能够熟练展示；路演过程尽量脱稿讲解，必要时能够灵活发挥，展现出自信。

项目样例

尊敬的评委、各位嘉宾、亲爱的同学们：

大家好！

今天，我非常荣幸能够在这里向大家介绍我们的创客项目——"智能家居安全系统"。

随着科技的发展和人们生活水平的提高，智能家居已经成为一种趋势。但是，随之而来的安全问题也日益突出，我们的智能家居安全系统正是针对这一问题而设计的。

我们的系统采用先进的人工智能技术，对家庭环境进行实时监测，能有效预防火灾、燃气泄漏等安全隐患。此外，系统还结合物联网技术实现了远程控制和智能联动，让家庭生活更加安全可靠。

在技术实现方面，我们采用了深度学习算法，对家庭环境进行实时分析，及时发现异常情况。同时，我们利用云计算技术实现了数据的集中存储和处理，提高了系统的稳定性和可靠性。

在市场前景方面，随着智能家居市场的不断扩大，家庭安全已经成为消费者关注的重点，我们的智能家居安全系统将满足消费者对于家庭安全的迫切需求。

最后，感谢评委和各位嘉宾、同学的倾听。我们相信，在未来，我们的智能家居安全系统将成为智能家居市场的一颗璀璨明星。谢谢大家！

根据前面学到的知识，试着为导盲腰包写一份演讲稿，并选择合适的时间和场所进行路演。

第6章
菜品份量提示器

案例概述

本案例基于2023年全国师生信息素养提升实践活动湖南省选拔赛初中组一等奖作品，根据编写内容要求，对原作品进行了适当修改，修改后作品全貌如图6-1所示。

图6-1

功能简介

学校食堂每个窗口的菜品都不一样，有的菜品非常受欢迎，这些窗口前排队的人就会特别多，经常出现菜品售罄、排了半天队却买不着的情况。本作品可以在售卖窗口显示菜品余量，提醒大家合理选择菜品窗口，节约排队的时间。

该作品由食堂窗口模型、后厨模型以及物联网平台构成。在窗口菜品份量提示器上放入菜品时，将会在窗口的OLED显示屏上显示重量，同时灯带会显示不同的颜色，通过其颜色变化直观地显示菜品余量，颜色越趋近红色表示菜品余量越少，绿色表示菜品余量较多，红色表示菜品售罄。窗口菜品余量和排队人数数据会实时传输到后厨，后厨可以根据情况加菜。

项目实施总览如图6-2所示。

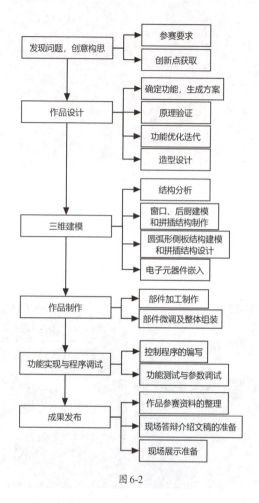

图 6-2

6.1 发现问题，创意构思

一、参赛要求

任务描述：参与者在计算机辅助下进行设计和创作，可使用各类计算机三维设计软件、三维打印机、激光切割机等，结合开源硬件，制作出体现创客文化和多学科综合应用的作品，并进行交流展示。项目旨在锻炼学生观察生活和解决问题的能力，突出创新、创意和动手实践，不鼓励依赖高端器材或堆积器材数量。通过合理的结构设计、科学的电子元器件使用、恰当的技术运用、有效的功能实现，完成作品创作，如趣味电子装置、互动多媒体、智能机器等。作品创作着重体现创新意识（摘自2023年全国师生信息素养提升实践活动指南）。

比赛形式：参赛选手先提交作品相关资料，进行初评，由评委挑选优秀作品进入现场展示，入围作品需要作者携作品参加现场展示和答辩。

二、创新点获取

❓ 面临问题

作品展评形式的比赛，由于进行设计和制作的时间充裕，参赛作品整体质量会比较高，对作品创意的要求也较高，需要作品较有价值。

要如何才能找到贴近生活的创新点？要如何保证作品创意既能够实现又能解决人们的实际问题？

💡 实施方法

可以着眼于身边的事物来寻找创意，这需要观察生活。

为了扩大观察和思考范围，仍然采取列举关键词、绘制思维导图，再逐项运用不同创新方法来获取创意的方式。

发散思考时，如果没有任何指向性，反倒让人无从下手，因此可以依托关键词，选择不同的视角（如人物、时间、属性、特征、场所等）作为主线，依次进行思考，降低关联关键词的获取难度。

获取创意后，再借助各种途径查询创意的相关信息，然后根据实际情况和比赛特点筛选出最合适的创意作为设计方向。必要时还可以进入实际现场，通过观察和访谈来深入了解现有情况，既可以验证创意价值，又可以为作品具体功能的设计和实现做准备。

📖 项目样例

例 菜品份量提示器创意获取过程。

1. 从"身边的事物"开始，对日常生活进行思考，整理成图6-3所示的思维导图。

2. 利用缺点改进法，根据亲身体验，按关键词逐个寻找创意的不足之处或迫切需要实现的功能，由此发现问题，思考改进方法或创新功能，获取的创意如表6-1所示。

3. 通过网络查询、专利查询等方法，了解目前同类产品的情况来判断创意的新颖性，对创意进行筛选。分析现有技术的可行性和自己的能力。综合分析以后，对创意进行初步筛选。

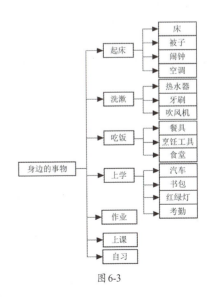

图6-3

表6-1

关键词	相关问题	获取的创意
被子	半夜冷/热醒？叠被子麻烦	自动调温被子、自动折叠被子
闹钟	叫不醒，不起作用？	新型闹钟
空调	能源浪费？空气质量不好	节能空调、除菌空调
食堂	排了半天队，轮到自己时想吃的鸡排套餐没了	鸡排套餐窗口菜品余量提示
热水器	调温时温度变化滞后？	即热热水器
汽车	要等的公交车半天不来	公交车位置实时显示

项目样例

 例 创意的初步筛选（见表6-2）。

表6-2

创意点	分析	处理方式
自动调温被子	原理简单，制作难度大	搁置
自动折叠被子	找不到合适的解决方法	搁置
新型闹钟	没有合适的创新点	搁置
节能空调、除菌空调	创意不新颖，实用性一般	丢弃
鸡排套餐窗口菜品余量提示	实现难度不大，贴近生活实际	选用
即热热水器	找不到合适的解决方法	搁置
公交车位置实时显示	已经有同类产品且功能实用	丢弃

拓展 / 实践

从"身边的事物"开始，自己拟定一个方向作为主线，联想相关的事物，由此绘制一个关键词思维导图。

基于思维导图，采用合适的创新方法寻找创意，记录在表6-3中。最后通过现场调查等方式进一步收集信息，并选定一个创客实践项目。

表6-3

创意	分析	处理方式

你确定实施的创客项目是_____。

6.2 作品设计

虽然作品设计的基本流程与方法相似,但在深入探讨作品设计的每一个环节时,需要关注的问题却千差万别。需要对作品功能实现面临的问题本身进行思考,而不必拘泥于具体的形式。分析完所有问题并找到合适的解决途径,设计也就完成了。当然,设计通常不是一蹴而就的,在设计过程中可以不断对方案进行迭代优化。

6.2.1 确定功能,生成方案

面临问题

选取创意时只确定了作品功能大致方向,要把作品制作出来,还需要明确它具体的工作方式、实现原理以及实现技术和方法。具体该如何操作呢?

实施方法

- 问题拆解:分析作品功能实现的全过程,找出每个环节需要解决的问题,厘清它们之间的逻辑关系,并且逐个找出合适的解决办法,选定相应的技术。
- 绘制功能框图:围绕作品功能实现的逻辑关系,整理它们的功能结构,并且通过绘制功能框图的方式将其直观地呈现出来,方便后续的分析设计和制作。
- 传感器、执行器选择以及输入输出端口规划:根据功能框图,为每项功能的实现选择合适的传感器和执行器,选定合适的主控板,并且根据数据接口参数规划输入输出端口,必要时还可以运用模拟软件绘制硬件接线图。

知识清单

本案例需要用到Arduino UNO主控板、RGB全彩LED、OLED显示屏、按钮、LED、物联网模块等功能模块的相关知识,如有疑问可返回知识储备篇进行学习。

项目样例

例 鸡排套餐份量提示器设计问题拆解。

作品需要能检测鸡排套餐的剩余数量。由于每份鸡排套餐的重量差异不大,可以先测量菜品总重量,然后估计剩余数量,为此要设计一个能够测量重量的窗口菜品托盘,用一个称重传感器模块实现重量检测。

要达到提示的目的,需要在窗口上设置能直观表示套餐余量的信号,使用可变色的指示灯表示:通过不同颜色代表不同的剩余数量,比如:绿色代表余量充足,红色代表余量不足。利用RGB全彩LED模块可以实现这一功能。

为了应对菜品余量不足但排队人数仍然很多的情况,可采取加菜的措施。可以设置一个加菜按钮,按下后将信息传递给后厨并通过指示灯提醒他们加菜。后厨在加菜时也可以按下按钮,将信息传递给窗口,并用蓝色指示灯提醒排队的同学目前正在加菜。

为了让工作人员准确把握菜品余量,可以通过剩余菜品的重量估算出菜品份数,然后利用OLED显示屏显示,工作人员可以根据菜品余量和排队人数决定是否加菜。

综合上述分析,已经初步确定了作品的功能,并且拟定了解决方案,由此绘制图6-4所示的功能框图。

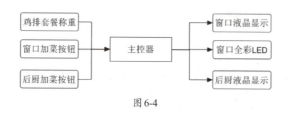

图6-4

根据功能框图,结合开源硬件知识,可以确定作品的电子控制部分的实现方案,并且根据这个方案完成器件的选择和主控板端口的规划,如表6-4所示。

表6-4

器件名称	作用	信号类别	端口号
HX711称重传感器	测量鸡排套餐总重量,计算鸡排套餐份数	数字输入	4、5
RGB全彩LED	利用不同颜色表示套餐剩余数量	模拟输出	9、10、11
OLED显示屏	显示剩余菜品数量	I^2C	A4、A5
后厨LED灯	后厨加菜提醒	数字输出	6
按钮	发出加菜操作信息	数字输入	7、8

6.2.2 原理验证

面临问题

目前确定的功能都是基于开源硬件模块进行的设想,它们的实际效果能否达到要求呢?在开始制作前,需要进行功能验证,如果效果存在问题,则要调整原来的实现方案。

实施方法

根据硬件设计方案选择相应的开源硬件搭建电路,并且编写测试程序进行测试。为了降低电路搭建难度,可将问题拆解,逐一验证。如果达不到预期效果,则需要重新设计实现方案。

知识清单

在具体的作品设计过程中，有时候需要用到一些特殊的模块。比如鸡排套餐份量提示器需要用到称重传感器。这类传感器种类繁多，无法在书中一一介绍，购买器件时需要找商家索要相应资料，先学习器件的基本原理和使用方法，然后进行设计制作。

项目样例

例 鸡排套餐份量提示器部分功能验证程序。

（1）称重功能验证。

选用常见的HX711称重传感器，根据器件手册的内容，将它的SCK和DT端口分别接在Arduino UNO主控板的4号和5号端口，搭建图6-5所示的电路。

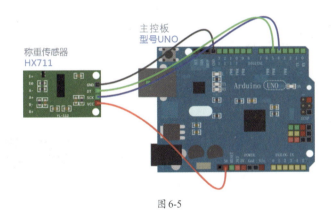

图6-5

利用Mind+编程软件编写图6-6所示的程序，上传到主控板，单击窗口右下角的【打开串口】按钮，串口监视窗每隔1秒就会输出一次称重结果，如图6-7所示。

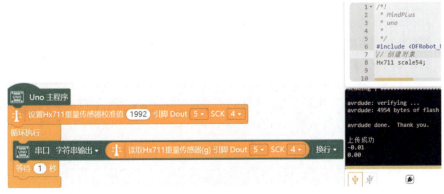

图6-6

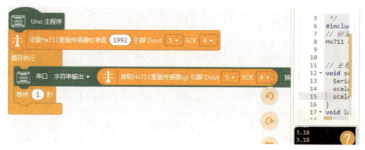

图6-7

测量发现，每个鸡排模型的重量都非常小，这是因为HX711称重传感器需要设置校准值，校准值越小，称重越灵敏。目前使用的是默认值1992，灵敏度太低，通过不断测试，发现校准值设置为100时，每个鸡排模型的重量都为66g左右，符合要求，如图6-8所示。

图6-8

为了后续的程序编写，把鸡排模型个数与重量记录在表6-5中。

表6-5

模型数/个	1	2	3	4	5	6
重量/g	66.3	129.8	193.2	260.2	327.1	392.2

提示：称重传感器启动时有自动去皮校准功能，每次电路重启时都需要拿掉托盘里的鸡排模型。另外，测量需要一点儿时间，可以等数据稳定后再做记录。

OLED显示屏显示：如图6-9所示，将OLED显示屏的SDA和SCL端口接在主控板的A4、A5端口，如果主控板接有扩展板，则直接接扩展板的I^2C端口。

利用I^2C进行通信时需要知道设备的地址编号，在Mind+编程软件里单击【扩展】按钮，选择【功能模块】选项卡里面的【I^2C地址扫描】模块，如图6-10所示。

编写图6-11所示的程序并上传，打开串口监视窗查看设备地址，发现串口输出的地址为0x3C，这就是OLED显示屏的I^2C地址，可记下来备用。

第6章 菜品份量提示器

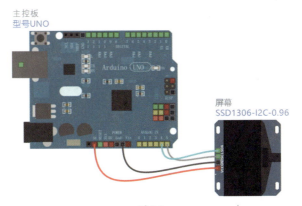

图 6-9

图 6-10

图 6-11

在OLED初始化模块设置好获得的设备地址,然后编写图6-12所示的程序并上传。

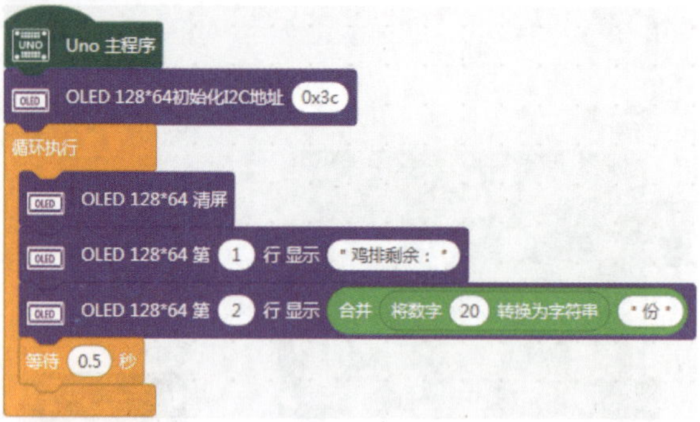

图 6-12

显示效果如图 6-13 所示。

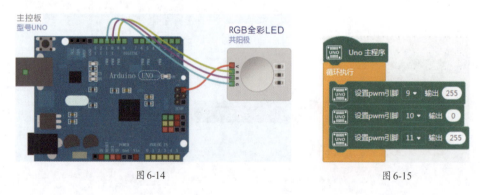

图 6-13

（2）RGB 全彩 LED 功能验证。

按图 6-14 所示将 RGB 全彩 LED 与主控板连接。

先测试蓝色指示灯程序。在 Mind+ 编程软件里编写图 6-15 所示的控制程序，将主控板 10 号端口设置为输出 0。程序上传以后，可以看到全彩 LED 变成了蓝色。

图 6-14　　　　　　　　　　　　　图 6-15

再测试指示灯从绿色慢慢变红的控制程序，要求全彩 LED 的绿色引脚所接端口输出值不断增大，而红色引脚所接端口输出值不断减小，为此需要声明两个变量用来记录红色和绿色端口的输出值。在Mind+编程软件模块栏单击【变量】按钮，再单击【新建数字类型变量】按钮，分别新建"红色"和"绿色"两个变量，如图6-16所示。

图6-16

选择相应的程序模块搭建图6-17所示的程序，实现每0.1秒"绿色"变量值增大10、"红色"变量值减小10，当"绿色"变量值大于255时，重置两个变量。将"绿色"和"红色"变量值输出到全彩LED所接的相应端口，实现绿色到红色变化的不断循环。

拓展/实践

下面根据自己确定的创意开始制作创客作品吧！

（1）对创意功能进行拆解分析，绘制功能框图，完成硬件设计。

（2）学习作品需要用到的电子元器件的使用方法，利用熟悉的开源硬件和编程软件完成各项功能的实现和验证。

图6-17

6.2.3 功能优化迭代

面临问题

目前已经按照最初的设想实现了创意功能，那么这个作品的功能是否已经十分完善了呢？一个作品通常需要经过多轮迭代，那么如何发现作品的改进方向，进行优化和改进呢？

实施方法

利用"和田十二法"对作品进行思考，并记录获得的创意，补充到表6-6中。

表6-6

方法	思路	方法	思路
加一加	增加作品功能	联一联	
减一减	减少作品连接线	学一学	
扩一扩	扩大作品适用范围	代一代	
变一变		搬一搬	
改一改		反一反	
缩一缩		定一定	

项目样例

例 作品设计迭代。

- 增加作品功能：目前只有按下按钮时才知道是否需要加菜，能不能让后厨随时查看鸡排剩余数量呢？可以在后厨设置一个显示器显示鸡排数量，方便工作人员了解菜品余量。

- 减少作品连接线：通常后厨与窗口之间有一定距离，目前需要连接4根线，若在后厨增加数量显示还需要增加至少2根线，使用起来很不方便。能否减少连接线呢？利用物联网模块实现窗口与后厨之间的信息传递，这样就可以减少连接线了。

- 扩大作品适用范围：目前的作品只能显示鸡排信息，能不能扩大到所有菜品呢？将菜品招牌做成可以切换的招牌即可，作品的名称改为"套餐份量显示提示器"。

根据以上设计，在后厨增加一个主控器，连接表6-7所示的模块；窗口主控器需要减少一个按钮、一个指示灯，增加一个物联网模块，如表6-8所示。

表6-7

器件名称	作用	信号类别	端口号
物联网模块	在窗口和后厨之间传输数据	软串口	2、3
RGB全彩LED	利用不同颜色表示套餐剩余数量	模拟输出	9、10、11
OLED显示屏	显示剩余菜品数量	I^2C	A4、A5
按钮	发出加菜信息并显示在窗口	数字输入	4

表6-8

器件名称	作用	信号类别	端口号
HX711称重传感器	测量鸡排套餐总重量，用于计算鸡排套餐份数	数字输入	5、6
RGB全彩LED	利用不同颜色表示套餐剩余数量	模拟输出	9、10、11
OLED显示屏	显示剩余菜品数量	I^2C	A4、A5
物联网模块	实现窗口和后厨之间的信息传输	软串口	2、3

物联网模块功能验证步骤如下。

步骤1：物联网模块线路连接。

将物联网模块的VCC和GND引脚连接到Arduino UNO扩展板的VCC和GND引脚，再将物联网模块标有T和R的引脚连接到扩展板的2号、3号端口,如图6-18所示。

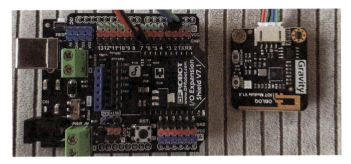

图6-18

步骤2:物联网MQTT服务端注册和设备创建。

提供MQTT服务的平台很多,它们的功能和用法大同小异。读者可以利用搜索引擎查找,然后选择自己喜欢的平台注册账号并使用。下面以Easy IoT平台为例进行讲解,如图6-19所示。

图6-19

如图6-20所示,进入平台首页,注册一个账号并登录,单击界面中的【眼睛】图标,查看自己的Iot_id(user)、Iot_pwd(password)并记录。单击【添加新的设备】按钮并且记住Topic码,这样MQTT服务端设备就准备好了。

图6-20

如图6-21所示,在Mind+编程软件里单击【扩展】按钮,在模块选择界面打开【通信模块】选项卡,选择【OBLOQ物联网模块】。

图6-21

返回编程界面,在主程序里面加入Obloq mqtt初始化模块,设置接口为【软串口】,分别选择2号和3号端口,然后设置Wi-Fi名称、Wi-Fi密码、物联网账号、物联网密码和网络设备编号,如图6-22所示。

编写图6-23所示的程序,让物联网模块每隔5秒向网络设备发送一个"hello"信息,检测并接收网络设备发来的信号,并用串口显示出来。

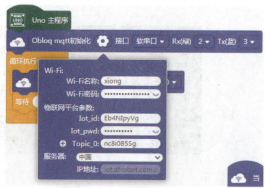

图6-22

图6-23

第6章 菜品份量提示器

将程序上传到主控板以后,物联网模块会连接Wi-Fi,并且建立与网络设备之间的联系,实现互相通信,可以分别在串口监视器和网络后台查询,如图6-24和图6-25所示。

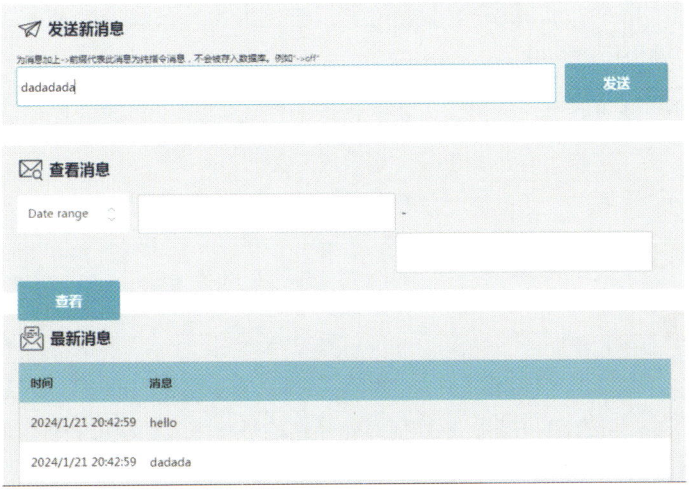

图 6-24

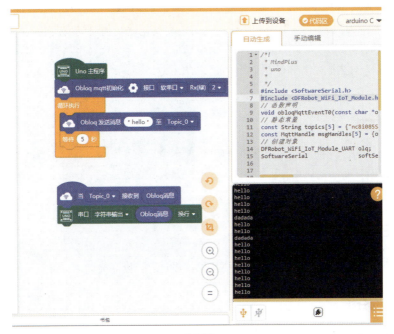

图 6-25

利用上述方法,就能让两个主控板通过网络设备进行通信,从而实现主控板之间的数据传输。

完成功能扩充和优化后的作品功能框图如图6-26所示。

115

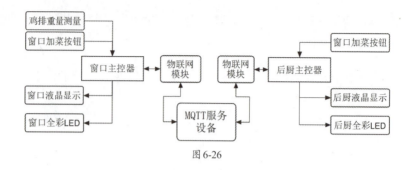

图 6-26

6.2.4　造型设计

在功能验证完成后，可以着手作品的实际制作，为了制作时能更好地把握作品的结构特点，从而确定造型设计的方案，要如何对作品结构进行细致的构思和直观的呈现呢？

🔆 实施方法

作品设计草图是一种非常有效的设计表达方式，根据作品特点绘制合适的草图，既能帮助我们理清制作思路，又能让我们在后续建模和组装前对作品有更加清晰的构思。

📖 项目样例

根据前面的设计构思绘制菜品份量提示器设计草图，如图 6-27 所示。

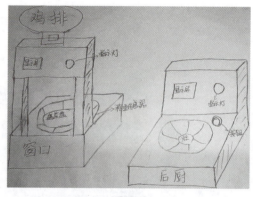

图 6-27

6.3　三维建模

本项目涉及圆弧形侧板结构建模和拼插结构设计，借助激光切割，可以制作复杂造型。

6.3.1　结构分析

在开始建模前，要如何根据设计草图结构对作品的制作进行初步规划，并由此选定建模软件？如何根据建模软件的特点对作品进行结构拆分，由此确定建模的步骤？

实施方法

首先根据作品的结构特点选择合适的加工途径，并由此选定建模软件，然后在建模软件中对照草图从整体到局部对作品结构进行分析，将复杂结构逐步拆分成简单结构，最后根据基本建模思路逐个确定建模途径。

知识清单

完成本节的任务，需要掌握3D One Cut软件的基本知识，如果不了解，请返回知识储备篇找到相应的视频教程进行学习。

项目样例

例 菜品份量提示器结构拆分。

菜品份量提示器总体分为窗口模型和后厨模型，它们大多是板件结构，为此选用激光切割进行加工。

可以将窗口拆分成一个长方体底座、两根长方体立柱、一个长方体招牌箱和一块菜品招牌。后厨模型则可以通过在长方体上切割并去除一个梯台结构获得。

由于盛菜盘涉及圆弧造型，将它拆分为侧板和底板来进行制作。

6.3.2 窗口、后厨建模和拼插结构制作

 面临问题

窗口和后厨模型由规则几何形状组合而成，如何利用前面学习的知识完成模型的绘制呢？

三维模型的绘制方法和步骤多种多样，为了提高自己的建模能力，大家可以借鉴书中的建模过程，根据自己的观察和分析按照自己的思路完成模型的绘制。

项目样例

例 菜品份量提示器的三维建模。

1. 窗口底座的制作。如图6-28所示，在水平网格面绘制250mm×180mm的矩形草图，将其拉伸成厚度为40mm的长方体，再进行抽壳，将【厚度T】设置为-2mm，【开放面O】选择顶面，获得窗口底座。

2. 立柱的制作。如图6-29所示，选择底座底面上沿所在平面作为草绘平面，从底座前方内角顶点开始，绘制20mm×10mm的矩形，将矩形向内偏移2mm，获得"回"字形草图，向上拉伸200mm获得立柱。

3. 招牌箱的制作。如图6-30所示，选择【参考几何体】命令，选择立柱顶面作为草绘

平面,【曲线】依次选择底座外侧边线,获得3条直线段草图。

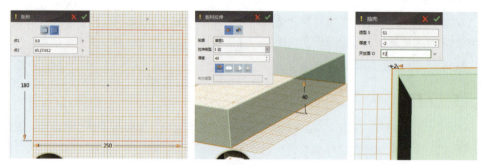

图 6-28

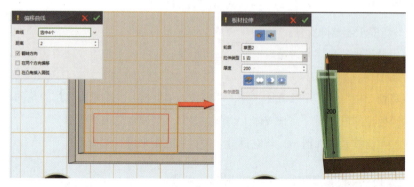

图 6-29

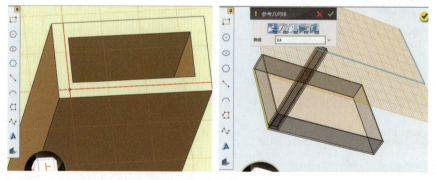

图 6-30

如图6-31所示,使用【偏移曲线】命令将前方直线段向后偏移20mm,删除多余线条,获得长方形草图;选择【特征造型】→【板材拉伸】命令,选择【2边】拉伸类型,向上拉伸2mm,向下拉伸58mm,获得长方体;再使用【抽壳】命令获得向下开口的长方体盒,完成招牌箱的制作。

4. 中间隔板的制作。如图6-32所示,选择底座上底面作为草绘平面,选择【草图绘制】→【矩形】命令,单击【中心】按钮,在底面中心点绘制246mm×176mm的矩形;

单击【角点】按钮，以矩形前方两个顶点为角点，绘制两个20mm×10mm的矩形。

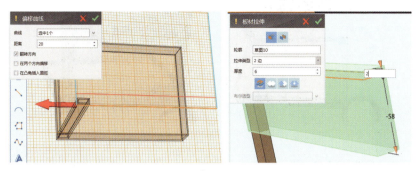

图 6-31

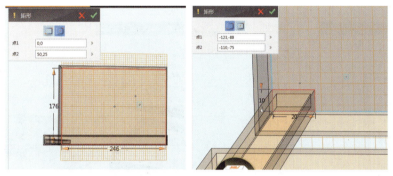

图 6-32

如图6-33所示，使用【单击修剪】命令删除多余线条，获得"凸"字形草图；选择【特征造型】→【板材拉伸】命令，选择【2边】拉伸类型，分别将草图向上拉伸20mm和22mm，获得中间隔板。

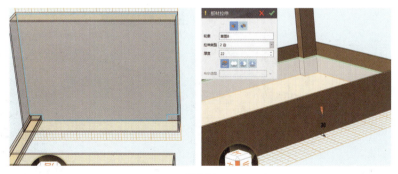

图 6-33

5. 菜品招牌的制作及板件拼插结构的制作。如图6-34所示，合理利用【实体分割】和【切口】命令将模型拆解成板件，然后利用【预制槽】和【平板拼插】命令绘制板件之间的拼插结构。

图 6-34

6. 后厨模型整体造型制作。如图 6-35 所示,在水平草绘平面上绘制 190mm×180mm 的矩形,向上拉伸 100mm,获得一个长方体作为后厨模型主体。

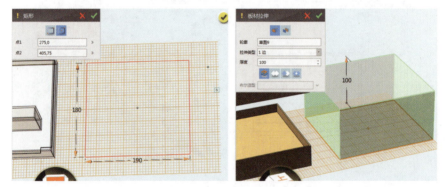

图 6-35

7. 后厨台面切除及板件拆分。在长方体侧面绘制图 6-36 所示的切割线草图,使用【单击修剪】命令去除多余线条,然后使用【实体分割】命令切除台面上边部分,获得台面造型。

图 6-36

8. 后厨拼插结构设计。如图 6-37 所示,合理利用【实体分割】和【切口】命令将模型拆解成板件,然后利用【预制槽】和【平板拼插】命令绘制板件之间的拼插结构。

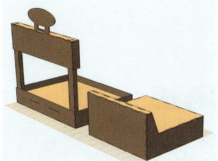

图 6-37

6.3.3 圆弧形侧板结构建模和拼插结构设计

盛菜盘侧板为圆弧造型，如果采用常规的平面草图拉伸方式建模，无法将侧板展开到平面进行加工，需要使用哪种建模方法来完成它的制作呢？

实施方法

利用 3D One Cut 软件中的【特殊功能】→【侧壁】命令制作的圆弧板件能够重复展开和折叠。利用该命令不但可以将圆弧板件展开到平面进行加工，还可以实现不共面板件的拼插设计。圆弧部分可以通过切割错位平行线条的方法让平面板件变得柔软，从而折弯成圆弧。

项目样例

例 盛菜盘的制作。

1. 绘制平直侧板。如图 6-38 所示，选择底板上侧作为草绘平面，绘制一个 70mm×2mm 的矩形草图；选择【特征造型】→【板材拉伸】命令，选择【2 边】拉伸类型，向上分别拉伸 2mm 和 42mm，获得平直侧板。

图 6-38

如图6-39所示，选择【特殊功能】→【侧壁】命令，【边】选择平直侧板内侧的竖直边，【半径】设置为20mm，【角度】设置为90°，【长度】设置为45mm，完成设置后获得一个U形侧板，将它镜像获得盛菜盘侧板。

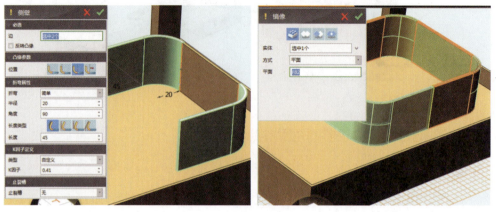

图6-39

2. 绘制盛菜盘底板。如图6-40所示，使用【参考几何体】命令在底板上方绘制盛菜盘底板轮廓，使用【板材拉伸】命令向上拉伸2mm，完成盛菜盘底板的制作。

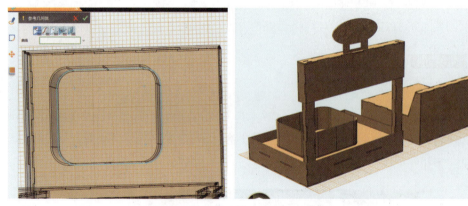

图6-40

3. 拼插结构制作。如图6-41所示，侧板由3个平面和2个弧面构成，需要在3个平面位置制作侧板与底板的拼插结构。选择【平板拼插】命令，【凸槽实体】选择侧板，【凹槽实体】选择底板，可以制作出一个拼插结构。重复上述操作，可以获得另一个侧板平面位置的拼插结构。再次重复上述操作，可以发现无法获得第三个平面位置的拼插结构，需要采用其他方法。

图 6-41

如图 6-42 所示，选择【展开】命令，【实体】选择侧板，【固定】选择需要制作拼插结构部分的侧面，将弯曲侧板展开，然后使用【平板拼插】命令制作拼插结构。

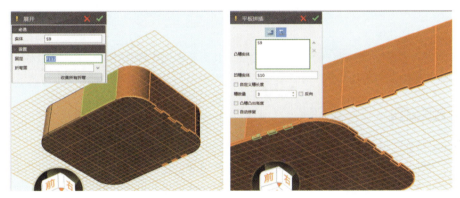

图 6-42

如图 6-43 所示，选择【折叠】命令，【实体】选择展开后的侧板，【固定】选择展开时的固定平面，将侧板折回最初的形状。重复上述操作，制作另外一个侧板的拼插结构，完成盛菜盘模型的制作。

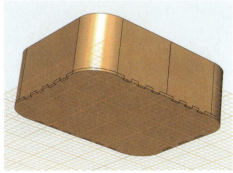

图 6-43

6.3.4 电子元器件嵌入

 面临问题

3D One Cut 软件里内置了常见的开源硬件模块，可以将它们嵌入三维模型，从而直接生成安装孔。但是有些创意设计用到的电子元器件可能不在软件内置库里，无法直接嵌入，例如菜品份量提示器需要用到的称重模块，如何根据安装孔大小和位置在板件上手动制作安装孔呢？

 实施方法

电子元器件嵌入方法在第5章已经进行了详细的介绍，制作时利用相同的方法即可完成。

对于无法在内置库里面找到的电子元器件，可以联系商家索要技术图纸，查询电子器件安装的相关尺寸，利用3D One Cut软件的草图绘制功能，在板件相应的位置绘制安装孔，然后利用【实体分割】命令去除安装孔。也可以对绘制的草图进行板件拉伸，利用布尔减运算实现在板件上开孔。

如果找不到技术图纸，则只能利用测量工具测量相关孔洞的尺寸，然后绘制对应的草图，从而完成安装孔的制作。

📖 项目样例

例 菜品份量提示器电子元器件嵌入及安装孔绘制。

1. 常规电子元器件的嵌入。在3D One Cut软件里，选择【电子件】工具栏中的【添加电子件】命令，在内置库里找到相应的电子元器件模块，在模型板件上选定放置位置，然后利用移动手柄微调位置和摆放方向，符合设计要求后确认，完成电子元器件的嵌入。板件上会根据电子元器件的结构尺寸生成相应的安装孔，如图6-44所示。

图6-44

用同样的方法可以完成后厨模型上电子元器件的嵌入。

2. 安装孔尺寸的测量。如图6-45所示，利用游标卡尺测量RGB全彩LED的直径。

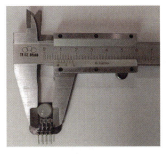

提示：电子元器件的安装孔的尺寸精度要求不高，但是孔的直径只能偏大不能偏小，否则无法安装。因此可以在测量尺寸的基础上适当增加一点余量，避免因测量中出现误差而造成安装孔偏小。

图6-45

用同样的方法测量称重模块的3个安装孔的间距和直径，可以发现3个安装孔分布在一个边长为69mm的等边三角形顶点处，孔的直径为3mm，如图6-46所示。

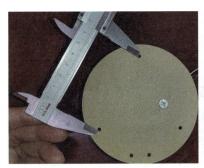
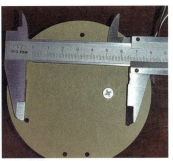

图6-46

3. RGB全彩LED安装孔的绘制。如图6-47所示，选择窗口招牌箱前侧板作为草绘平面，选择放置全彩LED的位置，绘制一个半径为6.5mm的圆，退出草图绘制，将圆向内侧拉伸6mm，进行减运算，完成安装孔的绘制。

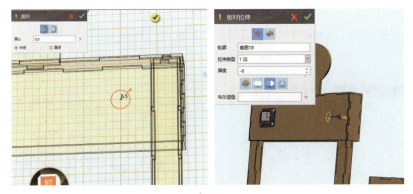

图6-47

4. 称重模块安装孔的绘制。如图6-48所示，选择窗口底座隔板上侧作为草绘平面，绘制一条长为69mm的水平直线段。

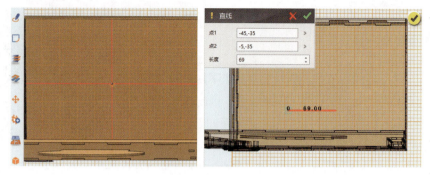

图 6-48

如图6-49所示,选择【阵列】命令,【基体】选择水平直线段,作为三角形底边,【圆心】选择底边左端点,【数目】设置为2,【间距角度】设置为60°,获得三角形另一条边,用类似的方式可以绘制出第三条边,从而获得三角形。使用【移动】命令移动三角形,让它的中心点与隔板中心点重合。

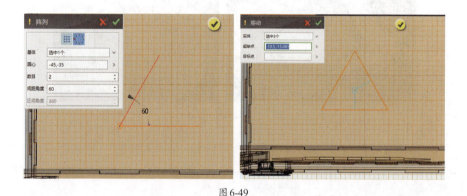

图 6-49

如图6-50所示,在三角形的顶点处绘制一个半径为2mm的圆,使用【阵列】命令获得另外两个顶点处的圆,删除辅助线后退出草图绘制,利用板材拉伸和减运算获得电子元器件安装孔。

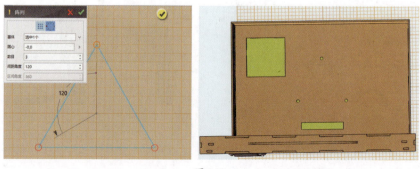

图 6-50

可以用类似的方式在板件上绘制控制线安装孔和其他模块的安装孔。

6.4 作品制作

利用导盲腰包项目中的作品制作方法能够完成窗口和后厨模型部件的加工。但是盛菜盘部分有圆弧形结构，需要采用特殊的途径进行处理。此外，由于部件结构更加复杂，在组装时需要利用板件的连接关系合理规划安装步骤，并使用一些技巧和方法，否则有可能造成部分部件无法安装。

6.4.1 部件加工制作

面临问题

完成建模以后，需要获得平面板件的激光切割加工图纸。窗口和后厨模型的激光切割加工图纸也可以利用这种方法获得。

盛菜盘的侧板有圆弧形结构，无法投影生成可以直接使用的轮廓，该如何处理呢？为了让板件变得柔软可折弯，还需要在折弯位置绘制平行切割线段。需要如何准确绘制呢？

实施方法

利用【展开】命令将带有折弯结构的部件展开，然后利用【投影】→【轮廓投影】命令获得部件的外围轮廓草图，利用【移动】命令将轮廓草图调整到水平网格面，获得折弯部件的轮廓加工图纸。

选择【草图绘制】→【直线】命令，在侧板折弯位置每隔2mm绘制一排断开的线段，相邻两排线段断开位置左右错开，形成犬齿状交错分布，板件圆弧形结构处理就完成了。

一般而言，线段间距越小，板件可以折弯的程度越大，但同时板件也会变得更加脆弱，因此具体的线段长度、线段间距可以根据板材特点实际验证后确定。

项目样例

例 激光切割加工图纸的生成。

1. 平面板件激光切割加工图纸生成。先选择底部菜单栏中的【隐藏】命令，将盛菜盘部分隐藏起来，如图6-51所示。选择【投影】命令，【实体】选择所有平面板件，获得板件的切割加工图纸，如果自动生成的图形排版效果不合理，可使用【移动】命令对每个轮廓草图的位置进行微调。

选择【草图绘制】→【预制文字】命令，在菜品招牌和后厨模型的正面分别写上对应的文字。

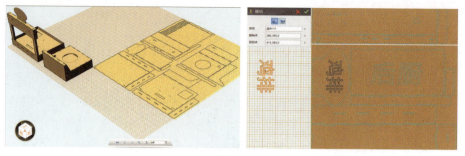

图 6-51

2. 盛菜盘侧板轮廓草图的获取。如图 6-52 所示，选择底部菜单栏中的【转换可见性】命令，将编辑区里所有对象隐藏的同时显示盛菜盘模型。先使用【投影】命令获得盛菜盘底板切割轮廓草图。

选择特殊功能命令栏中的【展开】命令，【实体】选择侧板，【固定】选择侧板中间的平面，将折弯的侧板展开。选择【轮廓投影】命令，【实体】选择展开的侧板，【方向】选择垂直于板面的方向，获得展开侧板的外围轮廓草图。

图 6-52

如图 6-53 所示，选择【移动】命令，单击【动态移动】按钮，将轮廓投影草图旋转 90°，让其与水平面平行；然后单击【点到点移动】按钮，将侧板轮廓草图移动到水平网格底板轮廓草图旁。

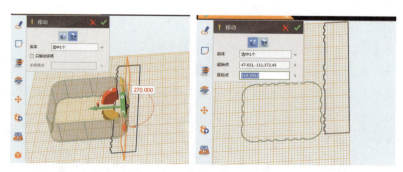

图 6-53

如图6-54所示，绘制长度为10mm的线段，使用【阵列】命令获得间隔为2mm，横向贯穿轮廓的一组断开线段；用同样的方式在间隔2mm的下方绘制断开、错位的另一组线段，然后使用【阵列】命令将这两组线段布满整个折弯区域。

图6-54

按Ctrl+C组合键打开【复制】对话框，【实体】选择绘制好的折弯切割线段草图，选择合适位置的点作为【起始点】和【目标点】，在所有需要折弯的位置都绘制好切割线段，完成折弯部件加工图纸的绘制，如图6-55所示。

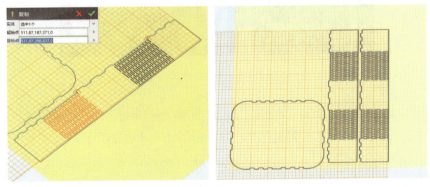

图6-55

更加详细的建模过程可扫描右侧的二维码，找到相应的视频教程进行学习。

3. 板材部件的加工。利用软件保存激光切割加工图纸文件（DXF格式文件），使用激光切割机进行加工，将所有部件轮廓线设置成切割图层，根据板材设置激光功率和移动速度，确保激光切透板材，图6-56（a）所示为窗口底座部件。

而文字轮廓部分需要设置成另外一个绘图图层，只需在板材上画出痕迹，不能切透板材，因此需要调小加工功率、提高移动速度，如图6-56（b）中的"后厨"两个字以及图6-57（a）中菜品招牌里的"鸡排"两个字。

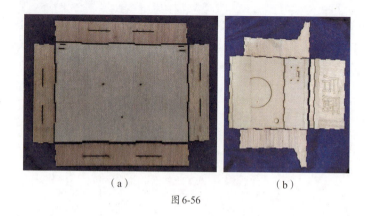

图 6-56

图 6-57（b）所示为盛菜盘侧板的加工部件，其中有密集切割线条的部分为侧板折弯位置。

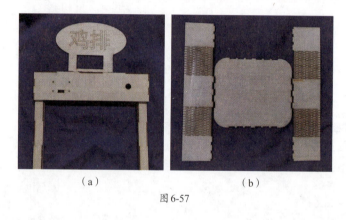

图 6-57

激光切割加工图纸文件是可通用的，如果没有激光切割机，可以找专业激光切割公司或者配备激光切割机的广告公司进行加工。网络上也有不少可以进行激光切割代加工的厂商，把加工图纸文件提供给他们也可以实现部件加工。

6.4.2 部件微调及整体组装

 实施方法

在进行部件正式组装前，要进行尺寸验证，一方面可以找出问题进行部件微调，确保组装顺利进行；另一方面可以确定部件的组装顺序，避免出现返工的情况。

部件较多的部分进行组装时，可以先利用胶带等工具进行临时固定，确认无误后进行胶合加固，最后去除临时固定材料。电子元器件固定的时间和方法需要根据其结构特点灵活调整。安装空间狭小时，需要先将电子元器件和连接线接好，再进行部件固定。

模型涉及的部件较多，加工好的板件通常尺寸差异不大，拼插结构大同小异，一块板件在拼接时还有正反两个面，必要时可以一边组装一边对照立体模型查看，避免出错。一般先安装尺寸小、精度要求高、容错低的部分，后安装尺寸大、容错高的部分。

项目样例

1. 板材部件的微调。由于激光切割加工工艺的特点，在部件连接处，特别是非垂直相交的连接处通常会出现空间交叠，如图6-58所示，这些地方需要用砂纸或小刀进行微调。

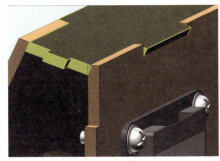

图6-58

2. 部件的组装。在组装窗口底座时，隔板与侧板之间的连接采用榫卯结构，对尺寸精度要求更高，要先将隔板和4个侧板、电子元器件和连接线安装好后，再组装底板，如图6-59所示。

如图6-60所示，立柱和招牌结构紧凑，先将电子元器件安装到板件，按要求连接好线路，再进行板件的安装，如图6-61所示。

图6-59

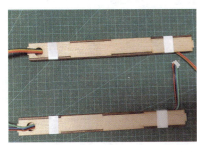

图6-60

如图6-62所示，立柱板件比较小，拼插结构不够紧密，组装时不好固定；盛菜盘侧板弯曲部分有弹性，很难直接固定住。组装这种不好固定的部件时，可以先用胶带进行临时固定，然后再用热熔胶或胶水固定，最后拆掉临时固定的胶带。

图 6-61

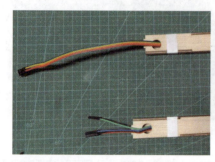

图 6-62

全部组装完成后，获得图 6-63 和图 6-64 所示的模型。

图 6-63

图 6-64

6.5 功能实现与程序调试

虽然菜品份量提示器用到的传感器和执行器模块不多,但是它涉及两个主控板通过物联网模块实现数据协同,控制程序非常复杂。程序实现逻辑、参数的设置、设备的调试都较复杂,要编写和调试好程序是一项充满挑战的任务。

6.5.1 控制程序的编写

面临问题

使用物联网模块,需要设置网络连接、物联网平台和物联网服务器的相关参数,操作复杂。由于网络通信涉及软硬件设备多、链路长、不确定因素多,出现异常的概率大,给程序调试带来了挑战。作品需要使用两块主控板,需要编写两套主程序,加上网络信息发送和接收处理程序、数据显示程序,控制程序非常复杂,如何才能理清程序结构,正确编写程序呢?

实施方法

首先根据功能实现要求,整理控制程序的程序流程图,理清程序逻辑。然后根据程序流程图逐步实现程序功能。

由于作品的控制程序比较复杂,为了避免出错、降低调试难度,编写程序时采用逐项编程的方式,从实现基本功能开始,然后边编写程序边测试效果。实现一项功能后,在程序上不断增加其他剩余功能,逐步完成全部程序的编写。

项目样例

例 菜品份量提示器程序编写。

根据功能设想,菜品份量提示器的窗口端程序流程如图 6-65 所示,后厨端程序流程如图 6-66 所示。

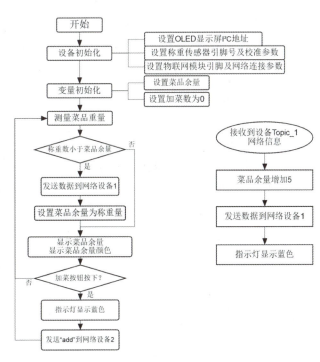

图 6-65

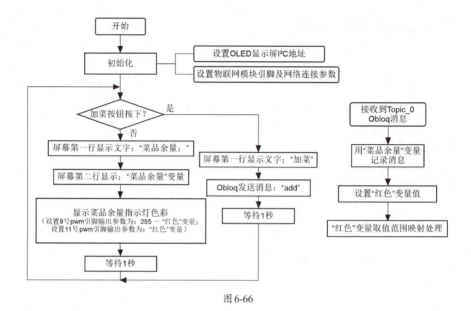

图 6-66

1. 实现菜品份量的计算和显示。编写图 6-67 所示的程序，上传给窗口端的主控板，改变盛菜盘里菜品的数量，检查显示屏上显示数据的情况。

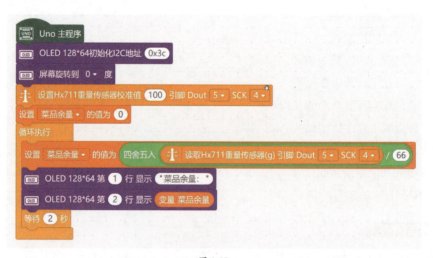

图 6-67

2. 实现根据菜品余量改变窗口指示灯颜色。在现有程序的基础上，增加一个"红色"变量，并且赋初值为 255。通过映射模块将测得的菜品余量映射给"红色"变量，然后将"红色"变量值输出到 11 号端口，将 255 减去"红色"变量值的差值输出到 9 号端口，实现指示灯颜色的变化控制，如图 6-68 所示。

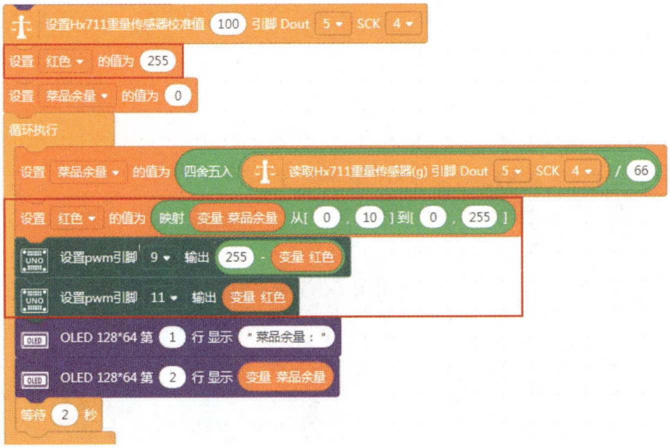

第6章 菜品份量提示器

图 6-68

3.增加向物联网模块发送菜品余量数据的功能。如图 6-69 所示，在程序最前端增加 Obloq mqtt 初始化模块，接口选择【软串口】，按照接线情况设置 Rx 和 Tx 端口，设置好自己的 Wi-Fi 名称与密码、物联网平台账号与密码和设备 Topic 码等参数，在 OLED 显示屏显示程序模块后面增加 Obloq 发送消息模块，将菜品余量数据发送给 Topic_0。

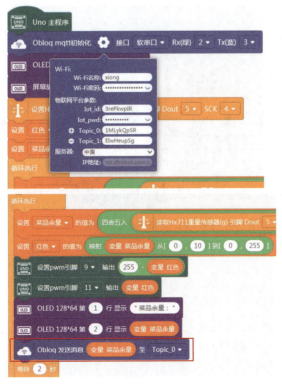

图 6-69

135

4. 编写后厨数据接收程序。新建一个程序项目，编写图6-70所示的程序，其中Obloq mqtt参数设置跟窗口主控板相同，编写后将程序上传到后厨主控板里。

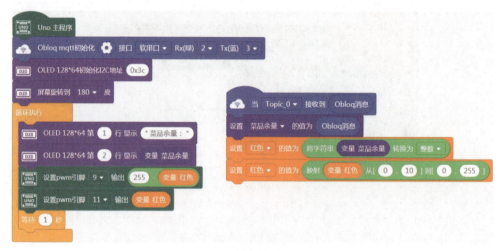

图6-70

同时打开窗口和后厨的主控板，改变窗口的菜品余量，查看后厨显示屏和指示灯的变化是否跟窗口同步，如图6-71所示。

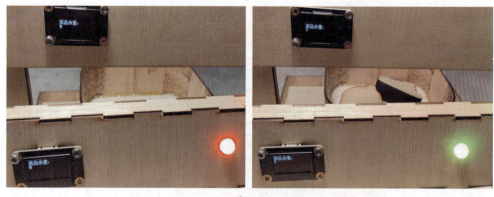

图6-71

5. 实现后厨加菜功能，并且将加菜信息同步给窗口。如图6-72所示，增加按钮判断程序模块，如果按下按钮，则在显示屏上显示"加菜"，同时利用Obloq发送消息模块向Topic_1设备发送"add"字符串消息。

6. 使窗口程序能接收并处理加菜信息。如图6-73所示，打开窗口处理程序，先声明一个"加菜"数字类型变量并赋初值为0，然后将原程序中为"红色"变量赋值、显示屏显示和Obloq发送消息时使用的"菜品余量"全部改为"菜品余量"和"加菜"之和。

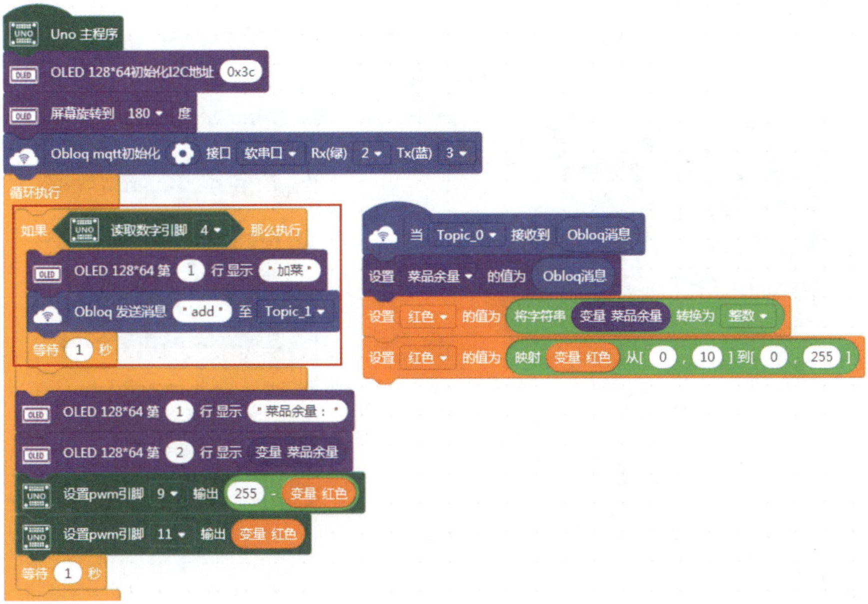

第6章 菜品份量提示器

图 6-72

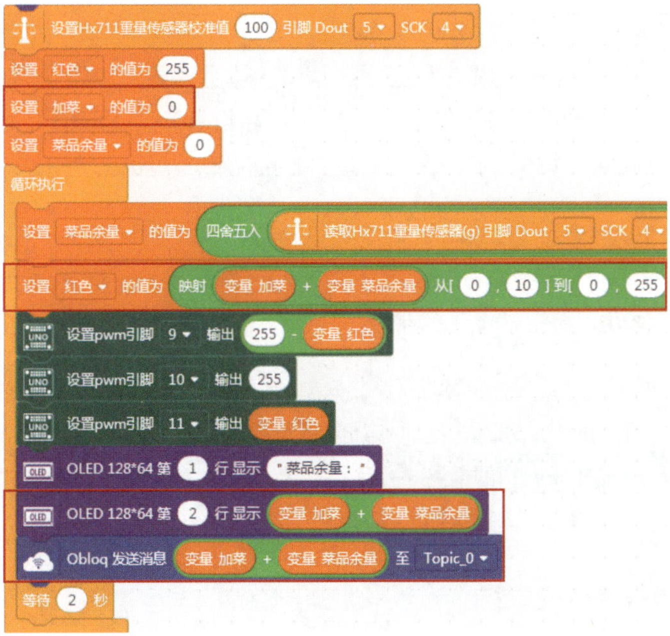

图 6-73

增加图6-74所示的Obloq消息接收程序，实现接收到消息时，将"加菜"变量值设置为5，然后改变全彩LED引脚端口的输出值，让它显示蓝色并等待10秒后显示绿色。

137

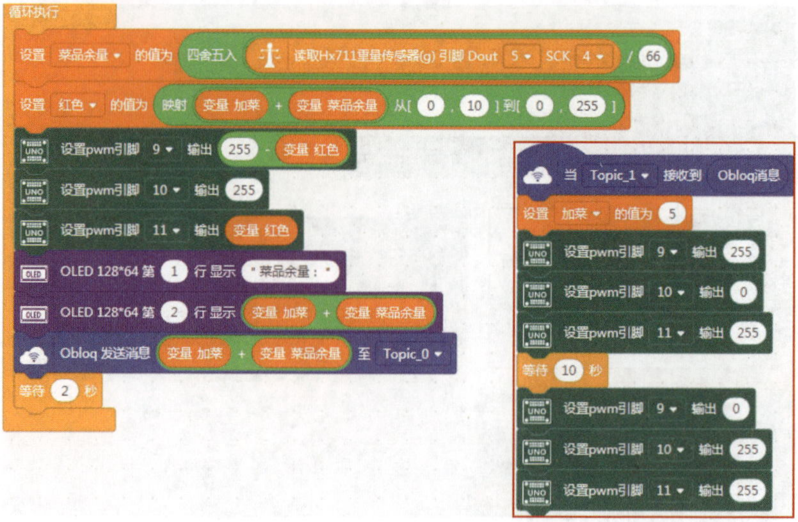

图 6-74

6.5.2 功能测试与参数调试

在编程过程中已经逐步完成了所有功能的测试和参数调试,只要同时打开窗口和后厨主控板,然后模拟食堂打菜的过程,对作品进行整体测试即可。检测作品的功能是否已经完全实现,进一步观察作品实际使用中仍然存在的问题,或可优化的问题,由此确定后续作品迭代的方向。

6.6 成果发布

对于作品展评形式的比赛,作品的成果发布大致分为两个阶段,需要有针对性地准备。第一阶段是整理资料参加作品初选,这时作品参赛资料的质量直接关乎比赛结果;第二阶段是入围现场赛后进行现场展示的准备,由于需要与评委面对面交流,选手的综合素养和临场表现更为重要。

6.6.1 作品参赛资料的整理

作品选拔的初赛阶段,评委看不到作品实物,为了让作品脱颖而出,一方面要让评委能够直观全面地了解作品,另一方面要凸显作品亮点吸引评委,需要如何准备和整理提交的参赛资料呢?

> 💡 **实施方法**

实物照片最能直观展示作品，可以多视角拍摄，既有真实使用场景下的全貌，又有能凸显作品特色的局部展示，还可以加入作品设计及制作过程的记录照片。

撰写介绍作品的文字稿时，需要语言精练、表述清楚、中心明确，尽量直截了当地介绍作品的创新之处、功能特色、设计制作思路与过程等，避免辞藻过于华丽。

拍摄视频时，做到既有作品概貌，又有关键部位的细节；尽量清楚展示想让评委看到的，作品的瑕疵、个人的缺点和不足尽量避免出现。

6.6.2 现场答辩介绍文稿的准备

> ❓ **面临问题**

参加作品答辩前，为了面对评委时更加从容，如何拟一份好的作品介绍文稿呢？

> 💡 **实施方法**

讲好创意故事，尽量体现新时代青少年的主动作为和担当；介绍作品功能，重点展示作品特色（独有的实现方法、特有的程序算法等）；结合制作过程中的关键节点、发现问题、解决问题的过程等；谈自己的收获和感受，体现自己在作品设计和制作过程中的成长。分析作品当前存在的问题，作品后续的优化设想和自己努力的方向；说说因为受某些客观因素的限制，目前的遗憾之处，表现出自己积极上进的心态。

可以尝试利用星火大模型编写作品介绍文稿的初稿，可以扫描右侧二维码学习相关用法。

扫码看视频

6.6.3 现场展示准备

> 💡 **实施方法**

作品答辩技巧：提前梳理、回顾作品设计、制作和迭代的过程，做到心中有数；熟悉介绍文稿要表达的核心要点，扩大自己的知识面，尽量熟悉作品所涉及的各种知识；自信展示自己所知道的，坦诚承认自己所不知道的，强调后续会努力学习；与评委观点不一致时，虚心接受指导，还要用合适的方式大胆表达自己的观点。

第7章　全国赛获奖作品集锦

第8章　创客作品选评参赛作品集锦

第9章　其他优秀参赛创客项目集锦

第3篇
获奖作品集锦

近年来，全国学生信息素养提升实践活动以及其他创客作品比赛中出现了非常多的优秀创客作品，它们有的创意独特实用，有的实现方法巧妙，有的技术手段先进，有的制作工艺精良，充分展现了参赛选手们良好的信息技术素养和极强的创新实践能力。

本篇收集整理了一些具有代表性的精彩佳作组成案例集锦。这些案例既具有启发性，又具有可操作性，能够帮助大家拓宽视野、激发灵感。阅读这些案例介绍，可以借鉴相关技术的运用方法，可以参考问题解决途径，可以汲取创新创意灵感，当然，也能从中感受优秀创客们敢于挑战的精神和积极进取、勇于创新的态度。

本书配套的数字资源里有每个案例作品的详细资料，利用它们，可以借鉴、优化和改进自己的作品，以此来学习相关知识、增强创新意识、提升设计水平和制作能力，让自己成为更优秀的创客，做出优秀的创客作品。

第7章 全国赛获奖作品集锦

7.1 智能零食控制器

一、参赛报名信息

参加赛项：第二十三届全国学生信息素养提升实践活动创意智造项目

参赛组别：小学组

参赛选手：刘泽旸、赵子豪（山西省实验小学）。指导老师：牛俊华

二、作品全貌（见图7-1）

图 7-1

三、获奖情况

第二十三届全国学生信息素养提升实践活动创意智造项目"创新之星"（全国一等奖）

四、作品简介

（1）创意来源。

时常听到妈妈的叮嘱，提醒妹妹少吃零食以保持健康，妹妹总是难以抗拒零食的诱惑。基于此，我设计了一个智能零食控制器，帮助儿童控制零食摄入的时间和数量。

（2）创新亮点。

- 智能控制取食：自动控制机制，能够按需提供零食，确保不会过量摄入。
- 独特外观设计：作品以深受儿童喜爱的哆啦A梦为造型，设计成一个充满趣味和吸引力的"百宝盒"，能提升儿童的使用兴趣。
- 可视化时间管理：通过集成的灯带计时功能，将吃零食的时间段直观地展示出来，帮助儿童理解和遵守吃零食的时间规定。
- 语音提示系统：具有语音播报功能，可以在特定时间或事件发生时进行语音提示，如"请注意不要过量吃零食"等，以增强互动性和提醒效果。

五、硬件清单

MP3语音播报模块、Arduino Mega2560控制器、彩色灯带、舵机。

7.2 "听得见"的棋盘

一、参赛报名信息

参加赛项：第二十三届全国学生信息素养提升实践活动创意智造项目

参赛组别：小学组

参赛选手：赵梓睦、任泰宇（西安建筑科技大学附属小学）。指导老师：张琴英

二、作品全貌（见图7-2）

图7-2

三、获奖情况

第二十三届全国学生信息素养提升实践活动创意智造项目"创新之星"（全国一等奖）

四、作品简介

（1）创意来源。

棋类游戏一直深受人们喜爱，但盲人由于无法看见棋盘上的棋子布局，难以享受下棋的乐趣。能否通过科技手段，为盲人提供一种能够"听见"的棋盘，让他们也能尽情享受棋类游戏的魅力？经过两年的不懈努力，我们成功研发出一款特殊的棋盘，它不仅能让盲人轻松下棋，还能作为普通人锻炼记忆力的有趣工具。

（2）创新亮点。
- 开机动画与音乐提示：作品配备 OLED 显示屏，开机时将播放动画与提示音乐，指导用户操作棋盘。
- 语音引导与触摸识别：棋盘设计有凸起部分，盲人可通过触摸判断位置。按下棋子时，系统会语音播报当前位置，确保盲人准确落子。
- 红蓝双方轮流落子：程序默认红方为先手，蓝方随后，双方轮流进行。屏幕实时记录并显示双方的落子坐标，方便跟踪棋局进展。
- 超时提醒功能：当一方在规定时间内未落子时，系统会发出语音提醒。
- 记忆棋玩法：除了传统的棋类游戏外，我们还独创了记忆棋玩法。这种玩法不仅极富娱乐性，还能有效锻炼玩家的记忆力，适合所有年龄段的人群。

五、硬件清单

MP3 语音播报模块、8×8 矩阵键盘、Mega2560 控制器、SSD1306 OLED（128×64）I^2C 显示屏、数字按键传感器。

7.3 多功能智能种植监测器

一、参赛报名信息

参加赛项：第二十四届全国学生信息素养提升实践活动创意智造项目

参赛组别：初中组

参赛选手：方妙允（长沙市雅礼实验中学）。指导老师：谢忆琳

岳子岐、张容赫（濮阳市油田第十中学）。指导老师：赵华

孟令勋（辽宁省实验学校）。指导老师：沈涛

二、作品全貌（见图7-3）

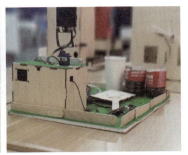

图 7-3

三、获奖情况

第二十四届全国学生信息素养提升实践活动创意智造项目"创新之星"（全国一等奖）

四、作品简介

（1）创意来源。

民以食为天，这个成语深刻揭示了食物对于人类生存的重要性。在当今社会，农业是乡村经济的基石，更是国家社会稳定的保障。为了提升农作物生长质量，促进乡村经济振兴，我们研发了这款多功能智能种植监测器，它能够精确监测农作物生长环境，为农民提供科学、及时的种植建议，从而确保农作物健康成长，助力乡村经济蓬勃发展。

（2）创新亮点。

- 实时监测：通过温湿度传感器和土壤湿度传感器，实时掌握农田的生长情况。
- 智能驱赶：人工智能摄像头可识别和驱赶对农作物有害的飞禽，减少损失。
- 农业智能化：集成先进技术，推动农业生产向智能化、精细化发展。
- 助力乡村振兴：提升农业生产效率，为乡村经济注入新活力。

五、硬件清单

温湿度传感器、土壤湿度传感器、空气质量检测器、Arduino主控板+扩展板、人工智能摄像头。

7.4 智能驾驶助手

一、参赛报名信息

参加赛项：第二十二届全国学生信息素养提升实践活动创客项目

参赛组别：初中组

参赛选手：肖宋泽（长沙市雅礼实验中学）。指导老师：谢忆琳

二、作品全貌（见图7-4）

三、获奖情况

第二十二届全国学生信息素养提升实践活动全国交流展示（全国二等奖）

四、作品简介

（1）创意来源。

在一次网约车行程中，我发现司机多次使用手机，一边接单一边聊天和刷视频，这种行为对行车安全构成了严重威胁。考虑到网络平台对司机的多项安全规定，如禁止分心驾驶等，

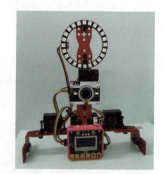

图7-4

我想到开发一款能够实时监控司机行为的智能装置，将其安装在驾驶室前台，摄像头对准司机的面部，以确保司机遵守各项安全规定，从而保障司机和乘客的生命安全。

（2）创新亮点。

- 实时监控与提醒：装置通过人工智能摄像头实时捕捉司机驾驶时的场景，判断司机

是否分心驾驶。一旦发现违规行为，装置将通过LED显示屏显示相应文字提示，并通过语音播报系统发出警告，同时点亮相应颜色的光环以提醒司机注意安全。

- 驾驶行为检测：装置内置加速度传感器，能够检测车辆的加速度变化，从而判断司机是否存在急加速或急刹车等危险驾驶行为。一旦检测到异常驾驶行为，装置将同样通过LED显示屏和语音播报系统发出警告。
- 个性化设置与存储：装置可存储司机驾驶状态模型和个性化语音文件。这使得装置能够根据不同司机的驾驶习惯进行个性化设置，提高提醒的针对性和有效性。
- 多模态交互：通过结合视觉、听觉和触觉等多种交互方式，装置能够更有效地吸引司机的注意力，确保安全驾驶信息得到及时传达和处理。

五、硬件清单

掌控板+扩展板、人工智能摄像头、MP3语音播报模块、音响2个、RGB光环板、SD卡2张。

7.5 消毒液自动喷洒机器人

一、参赛报名信息

参加赛项：第二十二届全国学生信息素养提升实践活动创客项目

参赛组别：高中组

参赛选手：程雲录、王艳芝（南宫市私立丰翼中学）。指导老师：曹政

二、作品全貌（见图7-5）

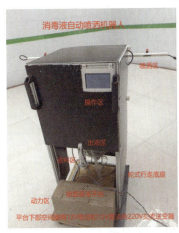
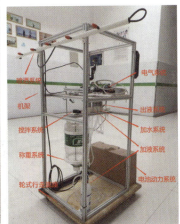

图 7-5

三、获奖情况

第二十二届全国学生信息素养提升实践活动创客项目"创新之星"（全国一等奖）

四、作品简介

（1）创意来源。

我们知道，很多场所都需要大面积的消毒，但传统的消毒方式存在诸多不便：刺鼻的气味、不精确的消毒液配比、无法确定的消毒效果，以及消毒液飞溅带来的安全隐患和环境污染。因此我萌生了设计一款能够自动配置和喷洒消毒液的机器人的想法。

（2）创新亮点。

• 自动化配置：消毒液自动喷洒机器人能够独立完成加水、添加消毒液原液以及搅拌的过程。压力传感器检测溶液的重量，并显示给操作者，确保配置的精确性。

• 高效喷洒与灌装：完成消毒液的配制后，可以迅速启动水泵，进行高效、均匀的喷洒操作，不仅提高了消毒效率，还降低了人工操作的难度和风险。

• 智能触控操作：利用触摸屏进行操控，界面友好、操作便捷。操作者可以通过触摸屏轻松设置各项参数，并实时监控机器人的工作状态。

• 易更换原液设计：上料接口采用标准化设计，直接将消毒液瓶口拧在接口上即可。

• 广泛的应用场景：该作品不仅可以应用于日常的消毒场景，也适合实验室等需要精确控制溶液浓度、避免危险操作的场景。

五、硬件清单

HX711称重传感器+5kg压力传感器、直流水泵、Arduino主控板、直流电机。

7.6 基于农产品保鲜的惠农系统

一、参赛报名信息

参加赛项：第二十四届全国学生信息素养提升实践活动创意智造项目

参赛组别：高中组

参赛选手：刘宸呈、李孟林（重庆市育才中学校）。指导老师：沈菊颖
　　　　　廖秭宣、宋泽恩（湖北省沙市中学）。指导老师：黄燕平

二、作品全貌（见图7-6）

图 7-6

三、获奖情况

第二十四届全国学生信息素养提升实践活动创意智造"创新之星"(全国一等奖)

四、作品简介

(1)创意来源。

在农产品储存过程中,温湿度控制不当、存储时间过长以及销路不畅等问题,往往会导致农产品变质、腐烂。这不仅造成浪费,还给农民带来损失。为此,我们运用人工智能、物联网和温湿度监测技术,为农产品打造适宜的储存环境,实现农产品的智能管理与销售。

(2)创新亮点。

- 实时监测与数据处理:监测和记录库内的温湿度,为农产品管理提供数据支持。
- 远程报警与操控:存储农作物的仓库内的温度或湿度超出适宜范围时,会触发远程报警系统,提醒使用者及时采取措施。使用者还可以通过远程操控功能对设备进行调整。
- 农产品识别与推荐存储:装置能够自动识别出入库的农产品种类,根据识别结果,推荐相应的存储天数供用户参考和定义农产品的保质期。
- 物联网平台集成:通过物联网,用户可以随时随地远程查看仓库中农产品的保质期和库存,方便用户随时掌握农产品的存储和销售情况。
- 智能定价与销售:可以按照新鲜度对农产品进行智能定价。消费者可以根据自身需求在平台上购买不同新鲜度的农产品,从而实现按需销售,降低压仓风险。
- 历史数据查看与修改:用户还可以查看和修改仓库中农产品的历史数据,包括存储时间、温湿度变化等信息,更好地管理农产品和提高存储效率。

五、硬件清单

Arduino UNO主控板、IO传感器扩展板、DHT11温湿度传感器、红色和绿色LED发光模块、掌控板、掌控扩展板、二哈人工智能摄像头教育版、按钮模块、物联网模块。

第8章 创客作品选评参赛作品集锦

8.1 魅力湘西欢迎您

一、参赛报名信息

参加赛项：第二十四届全国师生信息素养提升实践活动创意智造项目湖南省选拔赛

参赛组别：小学组

参赛选手：向浩铭、龙泓旭（湘西土家族苗族自治州溶江小学）。指导老师：梁旋

二、作品全貌（见图8-1）

图 8-1

三、获奖情况

第二十四届全国师生信息素养提升实践活动创意智造项目湖南省选拔赛一等奖

四、作品简介

（1）创意来源。

湘西，这片神秘而美丽的土地孕育了深厚的历史文化和非常多的自然景观。从历史悠远的古镇到蔚为壮观的矮寨大桥，每一处都令人流连忘返。我们希望通过这部作品让更多人领略湘西的魅力，推动湘西旅游业的发展。我们的目标是为游客提供一种全新的、本土化的旅游体验，让他们在感到新颖的同时，领略湘西的风土人情。在这部作品中，我们将

以"苗家阿妹"车载导游为主线,串联湘西的三大景点,为游客带来独特的旅行体验。

(2)创新亮点。

• 矮寨大桥景点:当"苗家阿妹"带领游客抵达第一个景点——矮寨大桥时,颜色传感器将识别特定的颜色标记。一旦识别成功,系统将自动播放关于矮寨大桥的简介,同时大桥的彩灯将亮起,为游客营造一种梦幻的氛围。

• 芙蓉镇景点:颜色传感器在识别到特定颜色后,会提示游客按下景区掌控板上的A键。按下后,系统将播报景区名称。游客按下B键即可实现人机交互。此外,为了更生动地展现芙蓉镇的魅力,掌控板还将模拟瀑布的水流声效,并用抽水动作模拟瀑布的视觉效果。

• 凤凰古城景点:这里利用了红外传感器和百度语音智能识别技术。当游客靠近红外传感器时,系统将自动进入人机对话模式。游客可以提问或发表评论,系统会根据识别到的关键词给出相应的回复和互动。这一功能需要无线网络的支持,以确保语音识别的准确性和流畅性。

• "苗家阿妹"导游控制:整个旅程中,"苗家阿妹"将作为游客的贴心导游。通过遥控掌控板,可以实时控制"苗家阿妹"的行动路线和速度,确保带领游客顺利游览各个景点。此外,掌控板还会发布广播信息,提醒游客注意安全和游览时间等。

五、硬件清单

掌控板、直流电机、颜色传感器、红外传感器、可寻址LED条、满天星灯带。

8.2 智能导盲犬

一、参赛报名信息

参加赛项:第二十四届全国学生信息素养提升实践活动创意智造项目

参赛组别:小学组

参赛选手:王兆炎、李政锡(山西省实验小学)。指导老师:牛俊华

二、作品全貌(见图8-2)

三、获奖情况

第二十四届全国学生信息素养提升实践活动创意智造项目全国交流展示(全国二等奖)

四、作品简介

(1)创意来源。

当前,我国视障人士总数超过1700万,但训练有素的导盲犬数量却非常少,远远无法满足盲人群体的避障需求。基于此,我们设计了这款智能导盲犬。它价格亲民、功能全面,能帮助盲人提升生活质量。

图8-2

智能导盲犬前进时发出语音播报以提供导航信息。遇到障碍物时，它会自动转弯绕行，并同步语音播报。

（2）创新亮点。

• 全方位避障系统：在智能导盲犬的上方、正前方及脚下均设置了红外避障传感器，尽可能地减小盲人遭遇障碍物的风险。

• 实时语音播报功能：智能导盲犬配备了MP3语音播报模块，可实现实时语音播报功能。尽管MP3语音播报模块在编程方面存在较大难度，特别是需要利用软串口连接进行程序上传，但我们经过反复实验和不懈努力，最终攻克了技术难关。

• 智能状态管理与多传感器协同工作：通过引入开关变量和奇偶数判断机制，实现了对智能导盲犬状态的精确控制。运用布尔运算逻辑，让3个红外避障传感器与一个超声波传感器协同工作，确保智能导盲犬能够在复杂环境中稳定运行。

五、硬件清单

MP3语音播报模块、Mega2560控制器、超声波传感器、红外避障传感器、直流电机及驱动板、数字按键传感器。

8.3 出行管控测温宝

一、参赛报名信息

参加赛项：第二十一届全国师生信息素养提升实践活动创客项目湖南省选拔赛

参赛组别：初中组

参赛选手：常焱斌（长沙市雅礼实验中学）。指导老师：谢忆琳

二、作品全貌（见图8-3）

图 8-3

三、获奖情况

第二十一届全国师生信息素养提升实践活动创客项目湖南省选拔赛一等奖

四、作品简介

（1）创意来源。

进行健康监测时，传统的纸质表格记录居民出入时间的方式效率低下，为此我设计了一个智能化的系统，该系统可以安装在住户门边的墙上，自动监测住户的居家和离家时长，并进行体温检测。系统通过显示屏和数码管实时展示相关信息。

（2）创新亮点。

- 居家与离家时长监测：通过门边墙上的红外探测传感器和光电门，系统能够准确监测住户的居家和离家时长，帮助社区管理人员实时了解住户的出入情况。
- 体温检测：门边或门把手上的热敏温度传感器能够实时获取住户的体表温度，有助于及时发现体温异常的住户，从而采取必要的防控措施。
- 实时显示与信息交互：掌控板主控器上的显示屏能够实时显示住户居家或离家的时长、测量的体温以及来自社区的消息。此外，社区端与住户端的掌控板能够实现信息的双向传输，包括门牌号、体温等关键数据。这一功能有助于提升社区管理的效率和准确性，也为住户提供了更加便捷的信息获取方式。

五、硬件清单

掌控板、红外探测传感器、光电门、热敏温度传感器、数码管。

8.4 共享折叠坐便架

一、参赛报名信息

参加赛项：第二十三届全国师生信息素养提升实践活动创意智造项目广东省选拔赛

参赛组别：初中组

参赛选手：林旭源、钟沐桦（深圳市宝安区海旺学校）。指导老师：黄青、李佳琦

二、作品全貌（见图8-4）

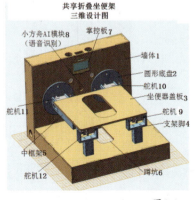 

图 8-4

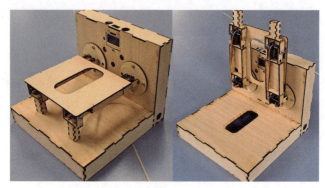

图 8-4（续）

三、获奖情况

第二十三届全国师生信息素养提升实践活动创意智造项目广东省选拔赛一等奖

四、作品简介

（1）创意来源。

现有的公共厕所多数是蹲坑式，中老年人使用起来很不方便，在高铁上或有些家庭通常设有坐便器，虽然方便中老年人使用，但是年轻人却不喜欢用它，怎么才能解决这个问题呢？我们在卫生间设计了一个能进行语音识别的共享折叠坐便架，在一个空间共享两种如厕方式，让人们按自己的喜好自由选择。

（2）创新亮点。

- 结构简单、成本低：可以减少公厕安装坐便器的费用。
- 语音识别控制：语音声控操作，使用方便。
- 节约卫生间的空间：既解决了中老年人的蹲厕困难，又满足了年轻人对蹲坑式厕所的需求。
- 手动控制：手动控制折叠坐便架，实现收起和放下功能，保证稳定、安全使用。

五、硬件清单

掌控板、掌中宝、小方舟 AI 模块（语音识别）、舵机（4个）、5V锂电池、电源开关。

8.5 ▶ 移动便携式输液装置

一、参赛报名信息

参加赛项：第二十届全国师生信息素养提升实践活动创意智造项目湖南省选拔赛

参赛组别：高中组

参赛选手：张立行、袁涛涛（长沙县第一中学）。指导老师：曹国斌

第8章 创客作品选评参赛作品集锦

二、作品全貌（见图8-5）

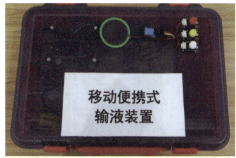

图 8-5

三、获奖情况

第二十届全国师生信息素养提升实践活动创意智造项目湖南省选拔赛一等奖

四、作品简介

（1）创意来源。

输液是常见的治疗手段，但传统的输液设备会给人行动带来很多不便，如悬挂的药瓶和长长的输液管，往往限制了患者的行动。对于那些无须卧床休息的患者，他们希望在接受治疗的同时，仍能保持正常的生活节奏。为了解决这一问题，我们设计并制作了这个移动便携式输液装置，旨在让患者在输液的同时也能自由行动。

（2）创新亮点。

- 便携性：利用气体压强挤压药液，药瓶无须悬挂在高处，患者可以随身携带。
- 自动加温：内置加温系统，药液在低温环境也保持适宜温度，提升输液舒适度。
- 智能显示：实时显示输液状态、剩余量及环境温度，信息一目了然。
- 简易操作：智能控制开关，轻松掌控输液进程。
- 物联网连接：支持手机远程监控，方便医生随时了解输液情况。

五、硬件清单

Arduino主控板3个、语音播放模块、输液恒温器、抽气充气装置、管形液位开关、空气加压装置、MG90S 9g舵机+支架2套、物联网模块、液晶显示屏、手环、心率传感器。

8.6 湖泊水质巡游监测装置

一、参赛报名信息

参加赛项：第二十届全国师生信息素养提升实践活动创意智造项目湖南省选拔赛

参赛组别：高中组

参赛选手：陈骁、李宇豪（长沙县第一中学）。指导老师：曹国斌

二、作品全貌（见图8-6）

图 8-6

三、获奖情况

第二十届全国师生信息素养提升实践活动创意智造项目湖南省选拔赛一等奖

四、作品简介

（1）创意来源。

位于长沙县的松雅湖公园以其200多亩的清澈湖面和环绕的葱翠树木成为游客们钟爱的休闲胜地。然而，随着游客活动的增加，湖泊的水质也面临着潜在的风险。为了实时、便捷地监测湖泊的水质状况，我们共同设计了这个湖泊水质巡游监测装置，旨在提供持续的监测和数据反馈。

（2）创新亮点。

- 自动巡航：利用PVC管道构建的浮力平台，通过电调驱动无刷电机和螺旋桨实现装置在水面上自动巡航。
- 智能避障：微波雷达传感器和红外测距传感器协同工作，配合舵机调整装置方向，确保装置在巡航过程中能够自动避开障碍物，保障安全、顺畅地运行。
- 水质监测：装置搭载浊度传感器，实时收集湖泊的水质数据，并通过物联网平台将数据传输至远程监控中心，实现对水质的持续、实时监测。
- 远程控制：通过物联网平台，用户可以远程控制装置进行水样采集和保存操作，进一步扩展了装置的应用范围，增强了便捷性。

五、硬件清单

Arduino NANO主控板、微波雷达传感器、警示灯、无刷电机、螺旋桨、扇叶、电调、舵机、物联网模块、浊度传感器4个、液晶显示屏、继电器模块、抽水马达、红外测距传感器4个。

第9章 其他优秀参赛创客项目集锦

9.1 北斗智能井盖系统

一、参赛报名信息

参加赛项：第十四届"北斗杯"全国青少年空天科技体验与创新大赛 智能实物赛项

参赛组别：高中组

参赛选手：汪一行（郑州市实验高级中学）。指导老师：陈凯、李红玉

二、作品全貌（见图9-1）

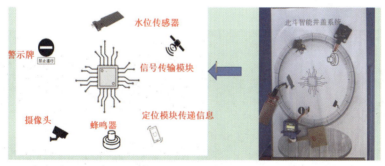

图9-1

三、获奖情况

第十四届"北斗杯"全国青少年空天科技体验与创新大赛 智能实物赛项全国三等奖，河北省一等奖

四、作品简介

（1）创意来源。

每逢雨季，郑州市大量降雨导致的道路积水问题不仅给市民的出行带来极大不便，更对市民的生命财产安全构成严重威胁。为此我们研发了这款北斗智能井盖系统，期望在雨季能够实时响应积水情况，及时排水，减少积水带来的安全隐患。

（2）创新亮点。

• 水位感应与预警：北斗智能井盖系统内置水位传感器，能够实时监测周围的水位变化。一旦水位达到警戒线，它会自动向管理端发送水位预警信息。

• 精确定位与远程监控：该系统集成北斗定位功能，能够准确提供井盖所在位置的信息，管理员可通过远程摄像头查看井盖周边实时情况。

• 自动排水与警示：在检测到危险水位时，北斗智能井盖系统会自动打开排水孔，加速排水过程。同时，它会发出警报并升起醒目的警示牌，提醒过往行人注意安全。

五、硬件清单

树莓派4B、摄像头、蜂鸣器、北斗定位模块。

9.2 北斗智能道路养护系统

一、参赛报名信息

参加赛项：第十四届"北斗杯"全国青少年空天科技体验与创新大赛 智能实物赛项

参赛组别：高中组

参赛选手：田金源、张劭东、麻林凯、段俨睿（郑州市实验高级中学）。指导老师：陈凯、李红玉

二、作品全貌（见图9-2）

 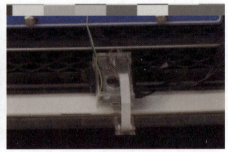

图 9-2

三、获奖情况

第十四届"北斗杯"全国青少年空天科技体验与创新大赛 智能实物赛项全国二等奖

四、作品简介

（1）创意来源。

随着国民经济的蓬勃发展，交通运输日益繁忙，主干道路的维护成为一大挑战。道路损坏若不能及时发现和修复，往往成为交通事故的隐患。为了解决这一问题，我们小组研发了一款北斗智能道路养护系统，适用于多种载具，如汽车、无人机等。该系统可实时发

现道路损坏，并迅速反馈信息以便及时修补，从而有效降低因道路状况不良导致的交通事故风险，为交通运输安全保驾护航。

（2）创新亮点。

• 道路信息采集：利用单片机技术实时采集道路表面的情况，包括平整度、裂缝、坑洼等信息。

• 北斗定位应用：该系统集成了北斗定位模块，能够精确获取当前位置信息，为后续的维修工作提供准确的坐标。

• 自动化检测：利用先进的算法和传感器技术智能检测道路的好坏，无须人工干预。

• 信息发送与管理：一旦检测到道路损坏，道路实际情况的图片和当前位置信息就会被立即发送到管理系统，以便相关部门及时响应并进行修复工作。

五、硬件清单

树莓派4B、摄像头、北斗定位模块。

9.3 货车自动盖篷布装置设计

一、参赛报名信息

参加赛项：第三十六届河北省青少年科技创新大赛

参赛组别：高中组

参赛选手：魏毅林（南宫市私立丰翼中学）。指导老师：曹政

二、作品全貌（见图9-3）

图9-3

三、获奖情况

第三十六届河北省青少年科技创新大赛河北省一等奖

四、作品简介

（1）创意来源。

货车装载货物后，通常需要手动进行苫盖以保护货物。然而，当货车装载的货物较多、

车身较长时，篷布会变得相当重，不仅需要两到三个人协同操作，而且耗时极长，通常超过两个小时。为了解决这个问题，我们设计了一款能够自动为货车盖上篷布的辅助装置，以提高效率和安全性。

（2）创新亮点。

- 自动升降篷布：装置可自动将篷布从地面提至货车顶部，并准确下落以覆盖货物，整个过程无须人工介入。
- 地面安全操作：需要人员的所有操作均在地面进行，避免了高空作业，减少了安全隐患。
- 快速高效：使用装置进行封车的时间远少于传统方法，显著提高了工作效率。
- 适应性强：装置适用于多种尺寸的货车，并可应对不同的工作环境。

五、硬件清单

Arduino开发板、直流电机、传动结构、链轮链条提升装置、电机驱动模块、红外线遥控器、红外线接收器、光电传感器。

9.4 AI日晷

一、参赛报名信息

参加赛项：第十九届全国普通高中通用技术课程工作会议创客作品展示

参赛组别：高中组

参赛选手：周子睿（杭州市余杭高级中学）。指导老师：林冬秀、郑青

二、作品全貌（见图9-4）

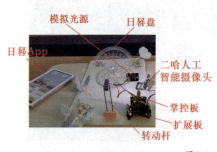

图9-4

三、获奖情况

第十九届全国普通高中通用技术课程工作会议创客作品展示全国一等奖

四、作品简介

（1）创意来源。

在地理课堂上，日晷知识内容较为抽象，缺乏直观性。为了更生动地展示日晷的工作

原理，并加深学生对时间测量原理的理解，我们小组设计了一款AI日晷装置。这款装置能辅助老师通过App控制实现灯光的模拟以及日晷时刻的变化，还能通过设计的二维码ID卡进行互动，利用图像识别技术控制舵机移动，从而更直观地展示日晷的工作状态，有效培养学生的科学思维能力。

（2）创新亮点。

- 知识传授：日晷App包含丰富的知识，确保学生能够全面、深入地理解日晷的原理和应用。
- 实时天气信息：为了应对各种天气条件，日晷App还提供了实时天气数据，让学生在任何环境下都能有效学习。
- 模拟阳光照射：在阴雨天或缺乏日照的情况下，使用日晷App可以控制灯带亮起，精确模拟太阳的光照效果，确保日晷演示的连贯性和准确性。
- 舵机控制与工作模拟：通过日晷App的精确控制，舵机能够模拟太阳照射位置的变化轨迹，实时展示日晷上阴影的变化，帮助学生更直观地理解时间流逝的概念。
- 二维码ID卡互动学习：学生扫描二维码ID卡后，舵机会自动转向对应位置，极大地方便了学生的观察和记录，为学习增添了互动性。

五、硬件清单

电机、灯带、掌控板、扩展板、二哈人工智能摄像头、转动杆、日晷盘。

9.5 基于物联网的路面加湿与喷雾除尘装置

一、参赛报名信息

参加赛项：全国第十届未来科学家创新大赛

参赛组别：高中组

参赛选手：刘晴、周睿杰（杭州市余杭高级中学）。指导老师：林冬秀

二、作品全貌（见图9-5）

图9-5

三、获奖情况

全国第十届未来科学家创新大赛全国一等奖

四、作品简介

（1）创意来源。

当前基础建设规模庞大，路面扬尘问题日益凸显，对周边居民的健康和生活品质造成了严重影响。现有的喷雾除尘装置存在诸多弊端，它们通常以恒定的水量和水压持续运行，导致水资源的极大浪费；雾化过程需要消耗大量电力，成本高昂；传统喷雾装置易出现漏水、堵塞等问题，需要频繁地维护。为解决这些问题，我们设计了一种基于物联网的路面加湿与喷雾除尘装置。

（2）创新亮点。

- 智能路面加湿：通过高精度传感器检测路面上的运动物体，利用算法准确识别并排除行人、自行车等干扰因素，仅对可能有大型车辆经过的路面进行加湿处理。
- 高效喷雾除尘：当传感器检测到空气中PM10（可吸入颗粒物）浓度超过阈值时，装置将自动启动高压喷雾系统，迅速降低PM10浓度。
- 实时数据监控：实时收集传感器数据和工作状态信息，并上传至云端服务器进行分析处理。通过人工智能将数据转换为文字建议，为城市管理决策提供支持。
- 节能环保设计：在夜晚无人经过时，装置将自动降低夜灯的功率以节省能源。同时，结合太阳能供电和雨水收集系统，实现绿色可持续运行。

五、硬件清单

温湿度传感器、超声波传感器、物联网模块、Arduino UNO主控板、灯带、水泵、继电器、RGB灯带、粉尘传感器。

9.6 基于树莓派的多功能阅读架

一、参赛报名信息

参加赛项：第十九届全国普通高中通用技术课程工作会议创客作品展示

参赛组别：高中组

参赛选手：姚彦洲、陈一鑫、曹以恒（杭州市余杭高级中学）。指导老师：林冬秀、林长春

二、作品全貌（见图9-6）

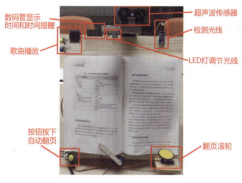
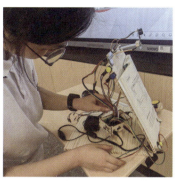

图9-6

三、获奖情况

第十九届全国普通高中通用技术课程工作会议创客作品展示全国一等奖

四、作品简介

（1）创意来源。

在阅读的过程中，错误的坐姿可能引发肩颈不适；视障人士在阅读时面临困难；光线条件往往难以控制，可能对视力产生不良影响；手动翻页也比较烦琐。为了解决这些问题，我们设计了这款基于树莓派的多功能阅读架。

（2）创新亮点。

- 文字朗读：通过按下带有盲文的按钮，启动摄像头识别阅读架上的图书内容，随后通过音响自动播放识别到的内容，为视障人士提供便利。
- 坐姿提醒：利用超声波传感器监测使用者与桌面的距离，一旦距离小于安全阈值，系统就会发出警报，提醒使用者调整坐姿，从而预防肩颈问题。
- 光线自动调节：配备的LED灯能够根据环境亮度的变化自动调整光线，确保阅读时始终保持适宜的照明条件，有助于保护视力。
- 自动翻页：当使用者需要翻页时，只需按下指定的按钮（如25号按钮），阅读架即可实现自动翻页，简化了阅读过程。
- 歌曲播放：通过OLED显示屏显示歌曲清单，使用者可以按下相应的按钮（如18号按钮）进入选歌界面，选择喜欢的歌曲后，再次按下确认按钮（如23号按钮）即可播放歌曲，为阅读增添乐趣。
- 疲劳提醒：系统能够记录阅读时间，并在超过设定的时间限制（如45分钟）时发出语音提醒，建议使用者休息片刻，以缓解阅读疲劳。
- 阅读架角度可调：阅读架的倾斜角度可以根据使用者的需求进行调整，以减少反光对视线的影响，使阅读更加舒适自然，有助于预防近视。

五、硬件清单

树莓派主控板、LED灯、音响、摄像头、显示屏、数码管、滚轮、舵机、超声波传感器、光敏传感器、按钮。

9.7 基于Arduino的智能编钟装置

一、参赛报名信息

参加赛项：第六届全国青少年人工智能创新挑战赛

参赛组别：高中组

参赛选手：王子健（杭州市余杭高级中学）。指导老师：林冬秀、郑青

二、作品全貌（见图9-7）

图 9-7

三、获奖情况

第六届全国青少年人工智能创新挑战赛"开源硬件创意智造专项赛银奖"

四、作品简介

（1）创意来源。

编钟是我国古代音乐文化的瑰宝，以其独特的韵味和深厚的历史内涵，在世界音乐舞台上独领风骚。为了保护和传承这份珍贵的文化遗产，我们决定将传统编钟与人工智能技术相融合，打造一款兼具娱乐和教育功能的智能玩具。这款玩具不仅能让如今的儿童在游戏中感受到编钟文化的魅力，更能引领他们走进博大精深的中华传统文化殿堂。

（2）创新亮点。

- 电源与程序控制：通过按钮1控制电源的接通，即程序的启动、暂停。
- 模式切换：利用按钮2和按钮3在不同模式间切换，如编钟文化介绍模式和演奏教学模式。

- 编钟文化传播：在特定模式下，产品会播放编钟的历史和文化背景介绍，加强儿童对编钟的了解。
- 语音识别：集成语音识别功能，允许儿童通过语音选择想要学习的歌曲。
- 视觉与听觉引导：显示屏展示所选歌曲信息，串口MP3模块播放音乐旋律，语音合成模块给出演奏提示。
- 互动演奏教学：灯带随音乐节奏亮起，指示儿童敲击正确的编钟位置，敲击后灯光熄灭，完成互动演奏教学。

五、硬件清单

Arduino UNO主控板、语音合成模块、语音识别模块、按钮、RGB灯带、串口MP3模块、OLED-12864显示屏、MQTT物联网模块。